HB

HANSER BERLIN
LEBEN

Theresia Enzensberger

SCHLAFEN

Hanser Berlin

2. Auflage 2024

ISBN 978-3-446-27962-9

Umschlaggestaltung: Anzinger und Rasp, München
Motiv: © Wilhelm Sasnal
Satz: Satz für Satz, Wangen im Allgäu
Druck und Bindung: GGP Media GmbH, Pößneck
Printed in Germany

MIX
Papier | Fördert
gute Waldnutzung
FSC® C014496

Für die Schlaflosen,
die Schlummernden,
die Schattenfamilien

INHALT

EINSCHLAFEN

EEG-Aufzeichnung: Thetawellen – niedrige Frequenz

Diese Schlafphase ist die leichteste und fängt an, wenn mehr als fünfzig Prozent der Alphawellen durch Aktivität mit niedriger Amplitude und gemischter Frequenz gekennzeichnet sind. ***Es ist Tonus im Skelettmuskel, und die Atmung geht regelmäßig.*** *Diese Phase dauert ungefähr 1 bis 5 Minuten und macht fünf Prozent der gesamten Schlafzeit aus.*[1]

»Ich schlafe zu viel. Von all den Problemen, die man mit dem Schlaf haben kann, ist das wohl das unsympathischste. Der Schlaflose ist weit glamouröser, mit seinen schwarzen Augenringen und der geheimnisvollen Aura.« Diesen Satz schrieb ich 2015, in einem Zeitungstext über die »Diktatur der Lerchen«. Heute kommt mir diese angeblich so gut schlafende Person vor wie eine Fremde. Seit Jahren schlage ich mich jetzt schon mit Schlaflosigkeit herum, habe weder Augenringe noch eine geheimnisvolle Aura und möchte mein Endzwanzigerselbst anschreien, dass es sich gefälligst nicht beschweren soll.

Aber im Grunde geht es in dem Text, der mich als Reportage ins Schlaflabor und als Essay in Kapitalismuskritik und Schlafforschung führte, um eine Beobachtung, die ich heute noch unterschreiben würde: Wer viel schläft, gilt als faul und nichtsnutzig, und es wird nicht gern gesehen, wenn Menschen ihrem individuellen Chronotypen folgen, anstatt sich um gesellschaftlich normierte Schlaf- und Wachzeiten zu kümmern.

Wenn ich auf einer Party oder bei einem Abendessen anfange, über den Schlaf zu sprechen, entwickeln sich sofort Gespräche, die in hundert verschiedene Richtungen gehen. Kein anderes Thema ruft so viele Assoziationen, Geschichten und Meinungen hervor, wahrscheinlich auch, weil wir alle reiche Erfahrungswelten haben, auf die wir zurückgreifen können. Jeder Mensch hat eine eigene Schlafbiografie, eigene Probleme, Anekdoten, Interessen.

Ein Buch, in dem es um den Schlaf geht, kann dem gar nicht gerecht werden. Es kann nur von den Erfahrungen einer einzelnen Person handeln, von einem äußerst individuellen Zugang zu dem Thema, und es kann erst recht nicht alles abdecken, was zum Schlaf zu sagen wäre. Vom Traum, zum Beispiel, ist im Folgenden kaum die Rede, und das liegt nicht daran, dass ich den Traum uninteressant finde, sondern schlicht an dem Missverhältnis der endlosen Möglichkeiten zu meiner Lebenszeit.

Der Schlaf besteht aus Zyklen. Innerhalb jedes Zyklus gibt es verschiedene Phasen: Als Erstes kommt die Einschlafphase, bei der es, wie in diesem Kapitel, noch um ein Außen geht. Die Schlafende hat sich noch nicht abgegrenzt, sie denkt über den vergangenen Tag nach, oder vielleicht über die Aufgaben des nächsten. Die Muskeln sind angespannt, auch wenn der Atem schon regelmäßig geht.

Darauf folgt der leichte Schlaf, und, was dieses Buch angeht, das nächste Kapitel. Weil nun das Gehirn stark beansprucht und das Gedächtnis konsolidiert wird, ist dies der essayistische Teil des Buches, der am weitesten in die Gefilde von Politik und Theorie vordringt. Der leichte Schlaf ist auch die Phase, in der Zähneknirschen auftritt, und das könnte ja nicht passender sein für einen politischen Essay.

Schließlich sinkt man in den Tiefschlaf, die Schlafphase, in der im Körper Muskeln und Knochen wachsen, Gewebe regeneriert, das Immunsystem gestärkt wird. Im entsprechenden Kapitel denke ich assoziativ über Schlaf in der Kunst, in der Literatur, in der Popkultur nach. Der Tiefschlaf ist aber auch die Phase, von der man am schwierigsten wieder aufwacht, und die, in der es zu Schlafwandeln, Albträumen und Bettnässen kommt. Also geht es hier auch um die Zwischenreiche des Bewusstseins, den Zustand jenseits von Schlafen und Wachen.

Das Finale bildet der Traumschlaf, der bekanntermaßen auch REM-Schlaf genannt wird und der uns allen als Schlafphase wohl am geläufigsten ist. Träume sind Geschichten, nicht immer sinnvolle oder kohärente – aber dass sie oft eine narrative Struktur haben, lässt sich nur schwer bestreiten. Dieses Kapitel besteht deshalb aus einer Erzählung, und nachdem der REM-Schlaf nicht besonders erholsam ist, fand ich es nur angemessen, dass der Inhalt ein wenig beunruhigend ist.

Die Schlafphasen wiederholen sich, in einer Nacht durchlaufen Menschen vier bis sechs Zyklen. In diesem Buch gehe ich nur durch einen Zyklus, jedes Kapitel macht ungefähr einen so großen Anteil am Gesamten aus, wie die einzelnen Phasen in einem Zyklus – der leichte Schlaf etwa 45 Prozent, der Tiefschlaf 25, der Traumschlaf ebenfalls 25.

Ein Luxus, den man beim Lesen, nicht jedoch beim Schlafen hat: Man kann nach Belieben springen, vom Traum zum Einschlafen, vom leichten zum tiefen Schlaf. Die Reihenfolge ist unwesentlich, und kann je nach Laune und Interesse verändert werden. Nur das Aufwachen, das Austreten aus dem Reich des Schlafes, das kommt nicht vor, das muss jede*r selbst bewerkstelligen.

LEICHTER SCHLAF

EEG-Aufzeichnung: Schlafspindeln und K-Komplexe.

Dieses Stadium wird von einem tieferen Schlaf gekennzeichnet, in dem Herzfrequenz und Körpertemperatur sinken. *Schlafspindeln oder K-Komplexe sind vorhanden, manchmal auch beides. Schlafspindeln sind kurze, kräftige Ausbrüche neuronalen Feuerns.* ***Zahlreiche Studien deuten darauf hin, dass sie eine wichtige Rolle bei der Gedächtniskonsolidierung spielen, insbesondere beim prozeduralen und deklarativen Gedächtnis.***

K-Komplexe sind lange Deltawellen, die etwa eine Sekunde andauern und als die längsten und ausgeprägtesten aller Gehirnwellen bekannt sind. Es ist erwiesen, dass K-Komplexe für die Aufrechterhaltung des Schlafs und die Konsolidierung des Gedächtnisses verantwortlich sind. Die Schlafphase 2 dauert im ersten Zyklus etwa 25 Minuten und verlängert sich mit jedem weiteren Zyklus, so dass sie schließlich etwa 45 Prozent des gesamten Schlafs ausmacht. ***In diesem Schlafstadium tritt Bruxismus (Zähneknirschen) auf.***[2]

OPTIMAL SCHLAFEN

Wenn wir die Augen geschlossen und in einen tiefen Schlaf gefunden haben, sind wir allein, abgeschottet vom Außen, auf uns gestellt. Wir sind nicht mehr Teil der sozialen, der gesellschaftlichen, der politischen Welt. Oder?

Der Schlafforscher William Dement, der als »Vater des amerikanischen Schlafs« gilt und in den 1950er-Jahren maßgeblich an der Erforschung des REM-Schlafs an der University of Chicago beteiligt war, definiert den Schlaf in seinem Buch *The Promise of Sleep* durch zwei essentielle Charakteristika: »Das erste, und bei weitem das wichtigste, ist, dass der Schlaf eine Mauer der Wahrnehmung errichtet: Zwischen dem Bewusstsein und der Außenwelt [...] Das zweite Charakteristikum normalen Schlafes besteht darin, dass er unmittelbar rückgängig zu machen ist. Selbst wenn jemand tief schläft, wird intensive und beharrliche Stimulation den Schlafenden immer aufwecken. Wenn nicht, schläft die Person gar nicht, sondern ist bewusstlos oder tot.«[3]

Um zu beweisen, dass der Schlaf eine völlige Abschottung zur Außenwelt bedeutet, eine »Mauer der Wahrnehmung« errichtet, entwickelte Allan Rechtschaffen, ein weiterer Forscher an der University of Chicago, in den 1960er-Jahren ein Experiment. Er fand einen Weg, die Augenlider von Schlafenden halb aufzuhalten, und zeigte ihnen beleuchtete Gegenstände. Meist schafften es diese nicht in die Träume der Schlafenden, und wenn, nahmen sie unwichtige Nebenrollen ein.[4] Damit wurde wissenschaftlich zementiert, was schon lange in kulturellen Vorstellungen von Schlaf verankert war – dass die Schlafenden sich in einer komplett anderen Welt befinden als die Wachen.

Aber die Gesellschaft verschwindet ja nicht. Das Paradox des Schlafes ist nämlich, dass er, im Gegensatz zu anderen Grundbedürfnissen wie Essen und Sex, zwar einerseits als Privatsache verstanden wird, andererseits innerhalb extrem enger normativer, von der Gesellschaft festgelegter Parameter stattfinden soll. Auch andere Grundbedürfnisse werden moralisiert und auf Übermaß hin kontrolliert, aber beim Sex und beim Essen erlaubt der gesellschaftliche Rahmen einiges an individualistischem Spielraum. Auf jemanden, der keine rohe Paprika mag, wird bei jeder relativ höflichen Abendeinladung Rücksicht genommen, und sexuellen Vorlieben werden, wenn auch meist im Privaten, allerlei Unterschiede zugestanden. Nur der Schlaf soll heute genau sechs bis acht Stunden dauern, im eigenen oder im gemeinsamen Bett eines Paares zu den richtigen Zeiten stattfinden, und am besten durchgehend sein. Alle Abweichungen werden pathologisiert oder zumindest verurteilt. Wer zu lang oder am Nachmittag schläft, gilt als faul und dekadent; auszuschlafen ist ein unerhörter Luxus, den man sich erarbeiten muss; und Frühaufsteher sind dementsprechend besonders vorbildlich und produktiv.

Bekanntermaßen wird auch das Ess- und Sexualverhalten ab einem gewissen Grad der Abweichung pathologisiert, wie nicht nur die jahrhundertelangen Kämpfe der queerfeministischen Bewegungen zeigen – aber die Grenzen haben sich erweitert, auch als Resultat dieser Kämpfe, während die spätkapitalistische Ideologie die normativen Grenzen des Schlafs immer enger zieht.

Es ist ein Widerspruch, der sich hier auftut: zwischen dem mangelnden Raum für individuelle Bedürfnisse auf der einen Seite und der Individualisierung von Schlafproblemen auf der anderen; zwischen der Standardisierung des Schlafs und der Überzeugung, die Schlaflosigkeit Einzelner hätte nichts mit ihren gesellschaftlichen Umständen zu tun. Dieser Widerspruch ist ein Resultat des Dilemmas, in das der Schlaf kapitalistische Systeme bringt. Der Schlaf ist eine Leerstelle, eine nur begrenzt nutzbar zu machende phänomenologische Lücke.

Jonathan Crarys *24/7* ist eine Bestandsaufnahme der Schlaflosigkeit, die vom Zusammenspiel aus den technologisch verschärften kapitalistischen Effizienz- und Überwachungslogiken produziert wird. Er schreibt: »Schlaf aber bedeutet die Idee eines menschlichen Bedürfnisses und Zeitintervalls, das sich nicht von einer gewaltigen Profitmaschinerie vereinnahmen oder einspannen lässt, das eine sperrige Anomalie bleibt, ein Krisenherd in der globalen Gegenwart. [...] Das Verblüffende, das Unbegreifliche ist, dass sich nichts Verwertbares aus ihm herausholen lässt.«[5]

Für den Kapitalismus ist der Schlaf also in doppelter Hinsicht ein Problem: Nicht nur kann nichts aus ihm extrahiert werden, seine Normabweichungen können auch nur begrenzt rentabel gemacht werden. Wo individuelle Vorlieben beim Sex und beim Essen eine potentiell unbegrenzte Variation an Produkten nach sich ziehen, ist die Anzahl an Produkten speziell für Langschläfer oder Nachmittagsschläfer überschaubar. Die Schlafindustrie konzentriert sich auf die Optimierung des normativen Schlafs – für diesen Zweck gibt es dann allerdings eine schier endlose Produktpalette: Ohrenstöpsel, Schlafmasken, Matratzen, Kissen, White-Noise-Maschinen, Meditations-Apps, um nur einen Bruchteil davon zu nennen. Die Pathologisierung der Normabweichung ist also durchaus rentabel.

Das Dilemma des Kapitalismus ist aber Folgendes: Einerseits ist der Schlaf überflüssig, eine störende Verschwendung von Zeit, in der ein Mensch weder arbeiten noch konsumieren kann, andererseits ist die Produktivität eines wachen, arbeitenden Menschen direkt von der Qualität seines Schlafes abhängig.

Also muss der Schlaf, wenn er schon nicht gänzlich abgeschafft werden kann, kontrolliert, optimiert und so weit wie möglich begrenzt werden. Marx schreibt über das Kapital: »Den gesunden Schlaf zur Sammlung, Erneuerung und Erfrischung der Lebenskraft reduziert es auf so viel Stunden Erstarrung, als die Wiederbelebung eines absolut erschöpften Organismus unentbehrlich macht.«[6]

Man muss nicht lange suchen, um Beispiele zu finden für den gesellschaftlichen Impuls, den Schlaf als Mittel zum Zweck effizient machen zu wollen. Arianna Huffington, Gründerin der *Huffington Post,* entdeckte 2007 ihre Leidenschaft durch einen Nervenzusammenbruch. Als sie herausfand, dass sie unter einem Burnout litt, kam sie nicht etwa auf den Gedanken, weniger zu arbeiten, nein, sie »wurde noch leidenschaftlicher, was die Beziehung von Gesundheit und Produktivität angeht«, wie man einem Interview auf der Webseite ihrer neuen Firma, Thrive Global, entnehmen kann.[7] Die Firma bietet Coachings an, das Verfahren besteht laut Huffington aus »Minischritten«, um einem effizienten Schlaf näher zu kommen. In ihrem Buch, *The Sleep Revolution,* gibt Huffington Tipps, wie zum Beispiel das Handy am Abend »ins Bett zu bringen«, um am nächsten Tag »mit einem Akku aufzuwachen, der genauso voll geladen ist wie der des Telefons.«[8]

Huffington exemplifiziert die neoliberale Idee, dass alles in unserer Hand liegt, während sie gleichzeitig ein Ideal des effizienten, qualitativ hochwertigen Schlafs verfolgt, der in der Hauptsache einer produktiven Arbeitszeit dienen soll.

Noch ein Beispiel: 2022, fast zehn Jahre nach seinem spektakulären Rücktritt, erklärte Papst Benedikt in einem Brief an seinen Biografen Peter Seewald, der Grund dafür sei die Schlaflosigkeit gewesen, die ihn seit »dem Weltjugendtag in Köln ununterbrochen begleitete«[9], also praktisch seit seinem Antritt als Papst. Aber anstatt vom psychischen oder physischen Leidensdruck zu sprechen, der mit solch einer lang anhaltenden Schlaflosigkeit einhergehen muss, schreibt Benedikt: »Mein Arzt hatte anfangs keine Bedenken, auch starke Mittel einzusetzen, die zunächst die volle Verfügbarkeit am nächsten Tag garantierten.« Sie seien jedoch bald »an ihre Grenzen« gelangt und hätten die Verfügbarkeit »immer weniger sicherstellen« können.[10] Wichtig ist in der Abwägung des Papstes und seines Arztes nicht seine Gesundheit oder sein Wohlbefinden, sondern ausschließlich seine »Verfügbarkeit«.

Es ist außerdem bezeichnend, dass die Schlaflosigkeit des Papstes mit »starken Mitteln«, mit Medikamenten bekämpft wurde. Die Vorstellung von der »Mauer der Wahrnehmung«, mit der sich der Schlaf sozialer Umstände entzieht, kann im Umkehrschluss auch zu einem rein biologistischen Verständnis von Schlafproblemen führen. Die Bekämpfung dieser vermeintlich ausschließlich biologischen Probleme findet dann folgerichtig auf biologischer Ebene, nämlich mit Tabletten statt.

Beide Umgangsformen mit Schlafproblemen – Arianna Huffingtons Coaching und Joseph Ratzingers Betäubung – haben gemein, dass sie den sozialen, umweltlichen, gesellschaftlichen Kontext einer Schlafstörung ignorieren. Wenn die Lösung nur in der eigenen Willensstärke oder der richtigen Medikation liegt, kann das Problem nicht außerhalb von einem selbst liegen.

Dabei ist es ja völlig einleuchtend, dass uns der Schlaf geraubt wird. Jeder, der ein Handy besitzt, versteht intuitiv, dass es schwieriger geworden ist, in den Schlaf zu finden, umgeben von To-do-Listen, Shoppinghöllen und Videos von Bombenangriffen. Aber hier, warum nicht, trotzdem ein paar Statistiken:

Laut eines Berichts[11] der Krankenkasse DAK sind Schlafstörungen bei Berufstätigen im Alter von 35 bis 65 in den sieben Jahren zwischen 2010 und 2017 um 66 Prozent angestiegen. 80 Prozent der Arbeitnehmer*innen, also ungefähr 34 Millionen Menschen, fühlen sich betroffen. Jede*r zehnte Arbeitnehmer*in leidet unter Insomnie, das ist ein Anstieg von 60 Prozent seit 2010. Nur eine Minderheit meldet sich krank. Der Gebrauch von Schlaftabletten hat sich seit 2010 verdoppelt.

Eine Studie[12] des Leipziger Forschungszentrums für Zivilisationserkrankungen, die die Schlafqualität ihrer 9284 Proband*innen evaluiert, kommt zu dem Ergebnis, dass 36 Prozent der Versuchspersonen mit Schlafproblemen zu kämpfen haben. Frauen leiden häufiger unter einer minderen Schlafqualität als Männer. Sozioökonomischer Status, Bildungsabschluss und Arbeitssituation wirken sich auf den Schlaf aus: Menschen mit weniger Einkommen, geringerem Bildungsstand und Menschen ohne Arbeit schlafen schlechter.

Eine Studie[13], die 2022 im Journal *One Earth* veröffentlicht wurde, untersucht den Zusammenhang zwischen Klimawandel und Schlaf. Anhand der Daten von 47 000 Menschen in 68 Ländern stellten die Forscher*innen fest, dass steigende Temperaturen schon um den Beginn des 21. Jahrhunderts im Schnitt jede Person 44 Stunden Schlaf im Jahr gekostet hatten. Auch hier sind die Auswirkungen ungleich verteilt: Besonders viel Schlaf wegen steigender Temperaturen verlieren Frauen, ältere Menschen und Menschen aus Ländern mit geringeren Einkommen.

Wir haben genügend Hinweise darauf, dass Schlafprobleme sich intensivieren, wenn die Bedingungen ungünstig sind. Unterdrückung, Diskriminierung, Armut – all das sind Faktoren, die Auswirkungen darauf haben, wie gut oder schlecht jemand schläft. Hinzu kommen zeitgeschichtliche Umwälzungen wie der Klimawandel oder technologische Fortschritte, die sich bekanntlich häufiger negativ auf Menschen auswirken, die schon von Unterdrückung, Diskriminierung und Armut betroffen sind.

Diese Faktoren sind das, was Gesundheitsforscher die sozialen Determinanten der Gesundheit nennen. Danielle Carr, Professorin für Medizinanthropologie, schreibt in der *New York Times* in einem Artikel[14] über psychische Gesundheit: »Wir erkennen alle umstandslos an, dass der Körper bei Krankheiten mit einer sehr klaren biologischen Grundlage, so wie Diabetes und Bluthochdruck, nur Teil der ursächlichen Realität ist. Die tieferen Ursachen der Diabetes-›Epidemie‹ effektiv zu bekämpfen, würde zum Beispiel drastische infrastrukturelle Änderungen bei den erhältlichen Ernährungs- und Bewegungsangeboten erfordern, anstatt mit Medikamenten zu werfen oder Beratungsgruppen mit Geld zu überschütten, die Menschen beibringen, wie man in Supermärkten mit unreguliertem, ungesundem Essen eine bessere Auswahl trifft.«

Selbst wenn die Pathologie sich auf einer physischen Ebene ausdrückt, ist die Umgebung, die Infrastruktur, maßgeblich an der Entstehung von Krankheiten beteiligt. Als eines der wichtigsten Bindeglieder zwischen biologischer und gesellschaftlicher Realität sieht Carr den Stress, der ja von der Umgebung, von politischen Gegebenheiten also, produziert wird, aber konkrete physische Auswirkungen hat.

Der Schlaf soll in ein enges infrastrukturelles Korsett passen: Er darf nicht am Tag auftreten, nicht während der Arbeit, nicht zu spät am Morgen, nicht zu früh am Abend. Aber ist das wirklich ein Problem? Gibt es überhaupt so viele Variationen gesunden Schlafs, dass die Strukturierung unseres modernen Lebens potentiell zu gesundheitlichen Problemen führen kann?

Der Historiker A. Roger Ekirch beschrieb 2001 in seinem Essay *Sleep We Have Lost: Pre-Industrial Slumber in the British Isles* zum ersten Mal das, was er »segmentierten Schlaf« nennt.[15] Ekirchs Forschungsergebnisse zeigen, dass es in vielen Ländern im frühmodernen Europa und Nordamerika üblich war, in zwei Phasen zu schlafen. Am Anfang der Nacht fand das statt, was man den »toten« oder einfach den »ersten Schlaf« nannte, dann wachte man auf, besuchte Nachbarn, kümmerte sich um das Feuer, las oder plauderte, hatte Sex, rauchte oder hielt Wache. Nach dieser mit Ritualen gefüllten Zwischenzeit kam der »zweite Schlaf«, auch »Morgenschlaf« genannt. Ekirch erklärt den Verlust des segmentierten Schlafs mit der industriellen Revolution, durch die ein ununterbrochener, meist acht Stunden dauernder Arbeitstag Einzug hielt. Damit Hand in Hand ging die Verbreitung von künstlichem Licht, das Auswirkungen auf unseren zirkadianen Rhythmus habe.

In seinem Buch *The Slumbering Masses,* in dem Matthew J. Wolf-Meyer die Geschichte der Schlafmedizin nachzeichnet, bezieht er sich auf Ekirchs Thesen und argumentiert, dass wir der Versuchung widerstehen sollten, in segmentiertem Schlaf so etwas wie ein neues, »natürliches« Ideal der Schlaforganisation zu vermuten – zumal Ekirchs Thesen zur zirkadianen Uhr nicht unumstritten sind. Stattdessen, so Wolf-Meyer, könnten Ekirchs Funde zu »biphasischem« Schlaf, zusammen mit anderen historischen Abweichungen von konsolidiertem Nachtschlaf – wie die Siesta etwa – darauf hinweisen, dass unsere Schlafbedürfnisse individuell verschiedener sind, als wir das vielleicht denken.[16] Wenn das aber der Fall ist, dann müssen wir uns damit auseinandersetzen, dass unsere Lebens- und Arbeitswelt, wie sie im Moment organisiert ist, in keiner Weise auf diese Bedürfnisse eingeht. Es ist wahrscheinlicher, dass jemandem, dessen Schlafbedürfnisse nicht in konventionelle Zeitabläufe passen, eine Schlafstörung diagnostiziert wird, als dass man ihm rät, seinen Tag an den für ihn richtigen Schlafrhythmus anzupassen. Die »International Classification of Sleep Disorders« zählt allein sieben »zikardiane Schlaf-Wach-Rhythmusstörungen« – darunter die »Jet Lag Disorder« und »Shift Work Disorder« –, deren hauptsächliche Problematik für die Patient*innen darin zu bestehen scheint, dass »Schlafen und Wachsein nach dem individuellen Schlaf-Wach-Rhythmus nicht zu den vom Umfeld akzeptierten Zeiten und nicht passend zum Hell-Dunkel-Wechsel und dem Rhythmus der Umgebung stattfindet.« Es kommt zu »gesundheitlichen Problemen für die Betroffenen, wenn die zum individuellen Schlaf-Wach-Rhythmus passenden Zeiten für das Einschlafen und Aufwachen wegen der Anforderungen von Schule, Beruf, Familie und Freundeskreis nicht eingehalten werden«.[17]

Die Schläferin, die ihren Bedürfnissen nicht entspricht und stattdessen versucht, sich ihrem Umfeld und dessen Anforderungen anzupassen, wird krank. Durch einen perfiden Knick in der Logik wird die Pathologisierung der Normabweichung vermengt mit der simplen Tatsache, dass Schlaflosigkeit krank macht. Die Folgen von chronischem Schlafmangel lesen sich wie ein extrem dramatischer Beipackzettel[18]: Nicht nur steigt das Risiko für Herzinfarkte, Schlaganfälle, Übergewicht und Diabetes, auch das Immunsystem leidet, man wird anfälliger für Infekte, das Krebsrisiko steigt. Schlafmangel hat kognitive Auswirkungen: Reaktionsfähigkeit, Urteilskraft und Gedächtnis sind stark eingeschränkt.

Wie, könnte man sich fragen, geht der Kapitalismus mit einem derartigen Verschleiß um? Ist es nicht entsetzlich ineffizient, Arbeiter*innen durch konstanten Schlafmangel arbeitsunfähig zu machen? In einem Bericht des Robert Koch-Instituts heißt es: »Die volkswirtschaftlichen Kosten von Schlafstörungen sind hoch. Eine kanadische Studie schätzte die direkten und indirekten Kosten von Insomnie in der Provinz Quebec auf etwa 1 Prozent des dortigen Bruttosozialprodukts. Die indirekten Kosten durch Krankheitsfehltage, Leistungsabfall und Produktivitätsverlust waren dabei um das Drei- bis Fünffache höher als die Kosten für die Behandlung und Medikation. Für Deutschland liegen hierzu keine Daten vor.«[19] Wie starr Arbeitgeber trotz alledem an ihren Modellen festhalten, konnte man zuletzt nach dem verkündeten Ende der Pandemie beobachten: Anstatt dass die Arbeit von zuhause zum neuen Standard wurde, bemühten sich vor allem große Konzerne, Arbeitnehmer so schnell wie möglich wieder ins Büro zu holen.[20]

In letzter Konsequenz geht es im modernen Arbeitsverhältnis nämlich nicht um die Zeit des Einzelnen, sondern um die mögliche Arbeitszeit, die er geben kann. Marx sagt dazu: »Statt daß die normale Erhaltung der Arbeitskraft hier die Schranke des Arbeitstags, bestimmt umgekehrt die größte täglich mögliche Verausgabung der Arbeitskraft, wie krankhaft gewaltsam und peinlich auch immer, die Schranke für die Rastzeit des Arbeiters. Das Kapital fragt nicht nach der Lebensdauer der Arbeitskraft. Was es interessiert, ist einzig und allein das Maximum von Arbeitskraft, das in einem Arbeitstag flüssig gemacht werden kann. Es erreicht dies Ziel durch Verkürzung der Dauer der Arbeitskraft, wie ein habgieriger Landwirt gesteigerten Bodenertrag durch Beraubung der Bodenfruchtbarkeit erreicht. Die kapitalistische Produktion [...]

verlängert die Produktionszeit des Arbeiters während eines gegebenen Termins durch Verkürzung seiner Lebenszeit.«[21]

Das ist insofern ökonomisch tragbar, als der Einzelne außerdem austauschbar ist: Wenn jemand aus chronischem Schlafmangel krank wird und nicht mehr produktiv sein kann, also aus der arbeitenden Bevölkerung ausscheidet, kann die Stelle einfach nachbesetzt werden. Im marxistischen Vokabular gibt es für den Teil der Bevölkerung, der nicht in einem Arbeitsverhältnis beschäftigt ist, den Ausdruck der »industriellen Reservearmee«. Diese relative »Überschuss-bevölkerung« wird vom Kapitalismus selbst produziert, drückt auf den Lohn der Beschäftigten und stellt die »Reserve« für Zeiten plötzlicher Konjunktur.[22]

Das funktioniert natürlich nur, wenn man davon ausgeht, dass Krankheit oder Müdigkeit nicht zu einem endgültigen Ausfall der Arbeitskraft führen, sondern den*die Arbeiter*in nur mittelfristig in die Reserve entlassen. In *Health Communism* nutzen Beatrice Adler-Bolton und Artie Vierkant den Begriff der Überschussbevölkerung, um Systeme der Nutzbarmachung chronisch Kranker zu analysieren. Sie schreiben: »[…] die Tatsache, dass der*die Arbeiter*in nicht Teil der Überschussbevölkerung ist, aber ständig davon bedroht wird, Teil des Überschusses zu *werden*, ist ein zentrales soziales Konstrukt, das zur Unterstützung der kapitalistischen Hegemonie eingesetzt wird.«[23] Selbst wenn man nicht so weit gehen und das Ausscheiden aus kapitalistischen Produktionsverhältnissen als etwas vom Kapitalismus Gewolltes sehen möchte, ist die Idee der Reserve doch nützlich, um zu verstehen, warum auf die Müdigkeit des Einzelnen keine Rücksicht genommen wird.

Müssen wir also nur unsere Institutionen flexibler gestalten, damit die Menschen schlafen können, wie Mathew J. Wolf-Meyer es in *The Slumbering Masses* fordert? Oder muss, wie die Autor*innen von *Health Communism* fordern, der Kapitalismus »durch eine Bewegung besiegt werden, die die Überschussbevölkerung in den Mittelpunkt stellt und der eugenischen Schuldenideologie widersteht«?[24]

Das wäre natürlich schön. Aber es gibt noch einen anderen Aspekt, der uns davon abhält, unseren Bedürfnissen zu entsprechen, einen, der in der politischen Wirtschaftstheorie vielleicht zu kurz kommt. Der Schlaf bedeutet einen Kontrollverlust. Wenn wir schlafen, verlieren wir die Kontrolle über unser Bewusstsein und unseren Körper. Damit zerstört der Schlaf eine Illusion, die für viele Menschen sehr wichtig ist – dass wir die Herrschaft über unseren Körper und Geist haben. Den eigenen Schlafrhythmus bestimmen und an die Norm angleichen zu wollen, ist der Versuch, an dieser Illusion festzuhalten. Es ist auch der Versuch, gesellschaftliche Zeit zu konsolidieren. Würden wir unserem jeweiligen individuellen Schlafbedürfnis nachgeben, überantworteten wir den Einzelnen die Hoheit über unsere kollektive Zeit. Wir hätten die Kontrolle über die Zeit verloren.

AUFWACHEN

In der politischen Sprache lassen sich zahlreiche Hinweise auf unser kollektives Verständnis von Schlaf finden. Er kommt dort hauptsächlich als Leerstelle vor, als negativer Raum, der nur durch das Aufwachen umrissen wird. Damit folgt die politische Metaphorik des Schlafs der Logik der frühen Schlafmedizin – ist doch laut dem Schlafforscher William Dement eines der wichtigsten Kriterien normalen Schlafs, dass er umstandslos rückgängig zu machen ist. Der Schlaf wird also von seinem Gegenbild, dem Aufwachen definiert.

Eine unvollständige Aufzählung der Schlafmetaphern im Sprechen von Politik: Die »Schlafschafe«, der deutsche Michel mit seiner Schlafmütze, die im US-amerikanischen Kontext als »schlafender Riese« bezeichnete Wählergruppe der Hispanics, der chinesische »schlafende Drache«, die Erweckung des Deutschen Kaiserreichs aus seinem angeblichen Dornröschenschlaf und das von den Nationalsozialisten zum Erwachen aufgeforderte Deutschland. Sie alle haben gemein, dass sie nicht eigentlich vom Schlaf selbst handeln, sondern von der Erweckung aus demselben. Auch neuere Ausdrücke, wie das Adjektiv »woke«, das von deutschen Konservativen zu dem bizarren Substantiv »Wokeismus« verballhornt wurde, konzentrieren sich auf das Wachsein.

Das Aufwachen beschreibt den Übergang von einem Bewusstseinszustand in den anderen, von einer Art betäubten

Bewusstlosigkeit zu einer völlig neuen Wahrnehmung der Welt. Jonathan Crary schreibt in 24/7:

»Politische und religiöse Erweckungen werden für gewöhnlich in Wahrnehmungsbegriffen artikuliert, als die wiedererlangte Fähigkeit, durch den Schleier hindurch die Realität zu erkennen, eine verkehrte Welt von der richtigen zu unterscheiden oder zurückzufinden zu einer verlorenen Wahrheit, die alles, woraus man erwacht ist, negiert.«[25]

Erweckungen sind also radikale Wahrnehmungsveränderungen, bei denen eine sinnlich-körperliche Zustandsveränderung die Erkenntnis produziert. Die Metapher trägt außerdem eine zeitliche Notwendigkeit in sich – irgendwann müssen alle Schlafenden aufwachen, sonst kann man ihren Zustand nicht als Schlaf bezeichnen –, die sowohl die Dringlichkeit, als auch den Wahrheitsanspruch der politischen Nachricht verstärkt.

Es gibt aber auch Weckrufe der politischen Sprache, die nach einer weniger radikalen Bewusstseinsveränderung klingen. Wenn Martin Luther King Jr. in seinem letzten Buch 1967 sagt, »Aber heute hängt unser Überleben selbst von unserer Fähigkeit ab, wach zu bleiben, uns neuen Ideen anzupassen, wachsam zu sein und uns der Aufforderung zum Wandel zu stellen«[26], dann geht er davon aus, dass die Menschen, die er anspricht, schon wach sind. Sie sind sich der politischen Herausforderungen bewusst, sie wissen um die Gefahren, sie haben sich schon politisiert. Er ruft sie lediglich dazu auf, wach zu *bleiben,* aufmerksam und wachsam. Es geht hier nicht um den Wechsel von einem Zustand in den anderen, sondern um eine Steigerung desselben. Man könnte meinen, diese Perspektive sei der Rückschau geschuldet, dem Modus, in dem der Text geschrieben ist. Aber das Wachsein und der Schlaf sind in Kings Text zeitliche Konstanten, er spricht neben den Wachen nämlich von den Indifferenten, die bekannt dafür sind, Revolutionen zu verschlafen – vielleicht auch in Anlehnung an die Jünger, die sich im Garten von Gethsemane schlafen legen, während Jesus leidet und betet[27], und über die King 1957 eine Predigt hielt.[28]

Insofern verhält sich die Metaphorik der emanzipativen Politik Schwarzer US-Amerikaner anders als die Fantasien nationalistischer Politik: Die Wachsamkeit richtet sich hier auf eine (rassistische) Bedrohung, angesichts derer man jederzeit bereit sein muss, zu handeln. Wenn Erykah Badu in Schwarzer US-amerikanischer Tradition »I stay woke« singt[29] und damit einen Ausdruck in den allgemeinen Sprachgebrauch einführt, der seither von Aufforderung über Selbstbezeichnung bis hin zum rechten Kampfbegriff mutiert ist, gesteht sie sich als politischem Subjekt mehr Bewusstsein und Handlungsfähigkeit zu als andere Vertreter der Erweckung. Sie ist schon wach, rassistisches Unrecht ist ihr nicht neu, sie muss nur aufmerksam bleiben.

Ganz anders verhält es sich beim deutschen Volk, das in den Wandbildern des Kaisersaals in Goslar dargestellt wird. Hermann Wislicenus malte dort zwischen 1877 und 1897 die Geschichte der Pfalz Goslar an die Wand, als identitätsstiftendes Werk für den jungen Nationalstaat mit dem erklärten Ziel, Kontinuitäten eines christlich-deutschen Kaisertums hervorzuheben. Auf zwei der großen Wandmalereien sieht man Erwachte: Friedrich der I., Barbarossa, kommt in purpurnem Gewand aus seiner Höhle hervor, das Schwert gezückt. Auf der linken Seite des Bilds ein schwarzer Vogelschwarm, den er mit seinem plötzlichen Erwachen wohl aufgescheucht hat, direkt vor ihm schwebt ein mächtiger Raubvogel in der Luft. Barbarossa verlässt die steinerne Gruft, in der er laut Kyffhäusersage in einem jahrhundertelangen Schlaf ruhte, nur um als nationales Symbol zur Reichsgründung wieder aufzuerstehen. Das andere Bild ist den Gebrüdern Grimm zu verdanken: Dornröschen steigt, von einer weißen Wolke und zwei weißen Tauben umgeben, aus einem Rosenbusch auf, aus ihrem hundertjährigen Schlaf erweckt. Der Prinz ist auf dem Gemälde nicht zu sehen, stattdessen eine hexenähnliche Figur in der Ecke und ein Mann im roten Gewand, der hinter einer Schrifttafel kauert.

Dornröschen und Barbarossa verkörpern beide das deutsche Volk, das durch die Entstehung eines geeinten Nationalstaats den Schlaf abschüttelt. Das Aufwachen gleicht hier einer Wiedergeburt und drückt eine weit verbreitete Sehnsucht aus: dass es nur eine drastische Veränderung braucht, eine Tabula Rasa, um die Mühen politischer Prozesse und Dynamiken hinter sich zu lassen, um neu anzufangen. Damit steht das Erwachen auch in einem quasi-religiösen Zusammenhang mit der Erlösung der Wiederauferstehung.

Wenn sich der Schlaf nun aber durch das Aufwachen definiert, wie der Schlafforscher Dement es darstellt, was bedeutet das dann für kulturelle Vorstellungen vom Schlaf? Welchen Platz nimmt der Schlaf in der politischen Metaphorik ein, wenn diese hauptsächlich von seinem Gegenbild handelt? Auch aus negativen Definitionen lässt sich selbstverständlich etwas ableiten – und im Kaisersaal von Goslar steht der Schlaf für das unerfüllte Potential.

Der schlafende oder schläfrige deutsche Michel, der zur Zeit des Vormärz Mitte des 19. Jahrhunderts seine größte Popularität unter Karikaturisten erreicht, stellt ebenfalls die unbewusste, noch nicht mobilisierte Stärke dar. Der deutsche Michel symbolisiert nicht die Nation, wie die Germania, sondern das gutmütige, einfache Volk, das seine eigentliche Kraft nur offenbart, wenn es zu sehr gereizt wird. Eine Karikatur zeigt die Germania, wie sie versucht, den deutschen Michel aufzuwecken. Sie sagt: »Michel, wach auf! Dass man im Schlaf dich nicht verkauf'!«[30]

Der Schlaf wird für den deutschen Michel zum Problem. Wie der Historiker Eric Hobsbawm feststellt, betont das Bild »die Unschuld und Unbedarftheit, die so leicht von listigen Ausländern ausgenutzt werden kann«.[31] Insofern, so Hobsbawm, sei die Figur im Grunde eine fremdenfeindliche Metapher. Der Karikaturist Johann Richard Seels stellt dem schlafenden Michel 1842 allerhand Gesellschaft an die Seite.[32] Der dicke, sich im Tiefschlaf befindende Deutsche ist umgeben von Uniformierten: einem österreichischen Adligen, der ihn zur Ader lässt, einem französischen Soldaten, der an ihm zerrt, und einem russischen Mann, der sich an ihn schmiegt. Zu seinen Füßen liegt eine Bulldogge, die England darstellt – sie klaut ihm einen Geldsack aus der Tasche. Die Zahlen auf seinem Lätzchen verweisen auf die 36 Fürstentümer. Das deutsche Volk ist voller Potential, wachte es nur auf und vereinigte sich.

Im Schlaf aber ist das Volk verletzlich. So spiegeln sich in der politischen Metaphorik nicht nur die Hoffnungen auf Erweckung, sondern auch die auf die Außenwelt projizierten Ängste vor der eigenen Wehrlosigkeit. In Thomas Hobbes' *Leviathan* ist die Möglichkeit, im Schlaf übermannt zu werden, gleichsam Beweis dafür, dass niemand sicher ist vor der Gefahr, die andere Menschen für ihn darstellen.[33] Der Schlaf ist hier also, genau wie die List anderer Menschen, regelrecht gefährlich.

Was all die erwähnten politischen Metaphern gemein haben, ist die Darstellung des Schlafes als etwas Unerwünschtes, als etwas, das es abzuschütteln gilt. Er symbolisiert die Ahnungslosigkeit, die politische Apathie, die Gleichgültigkeit. Er ist Teil von uns, aber verheißt niemals etwas Gutes.

Susan Sontag blickt 1989 in *AIDS und seine Metaphern* auf ihren berühmten Essay über Krankheit als Metapher zurück, den sie zehn Jahre zuvor verfasste, und macht sich Gedanken über die lange metaphorische Karriere, die der Körper hinter sich hat. Denn sowohl der politischen Metapher der Krankheit als auch der des Schlafs liegt die des Körpers zugrunde. »Der Körper ist seit Platon und Aristoteles die dominierende Metapher für das Gemeinwesen, vielleicht, weil sie sich zur Rechtfertigung von Repression eignet. Noch mehr als beim Vergleich der Gesellschaft mit einer Familie läßt der Vergleich mit dem Körper eine autoritäre Gesellschaftsordnung als zwangsläufig, als unabänderlich erscheinen«[34], schreibt sie.

In der politischen Metaphorik des Schlafs gibt es jedoch nicht nur den abstrakten Körper, der schläft und aufwacht – es gibt in den meisten Fällen eine Personifikation der Gesellschaft, wie eben den deutschen Michel, Dornröschen oder Barbarossa. Selbst schlafende Schafe, Drachen und Riesen sind noch spezifische Wesen, an die das Schlafen und Aufwachen gebunden sind. Nur die Nationalsozialisten überspringen diesen Schritt, wenn sie sagen: »Deutschland, erwache!«, vielleicht, weil das Volk in der nationalsozialistischen Ideologie schon zum Körper geworden ist. Der Volkskörper ist homogen, einheitlich und so selbstverständlich, dass die Metapher nicht einmal mehr explizit gemacht werden muss. Der Einzelne ist längst verschwunden.

STARK BLEIBEN

In den Schlaf fallen bedeutet, in eine Art Ohnmacht zu fallen. Der Atem geht langsamer, vor den Augen flimmert es, jedes einzelne Körperteil verliert an Kraft, die Hand erschlafft vielleicht als Letztes. Im Schlaf werden wir handlungsunfähig, wir werden verletzlich, schutzlos, wir liefern uns der Obhut anderer aus, wir sind auf sie angewiesen.

Wir werden schwach.

Vielleicht ist der Schlaf in der politischen Sprache deshalb hauptsächlich negativ definiert, weil Schwäche in unserem Wertesystem einer moralischen Verfehlung gleichkommt. Die Stigmatisierung von Schwäche übertrifft die des Schlafs bei weitem und ist doch eng mit ihr verwoben. Nicht nur im Mittelhochdeutschen galt die Schwäche nichts – »swach« bedeutete »gering, armselig, kraftlos«[35] –, auch heute gesteht man mit einer Schwäche einen Fehler ein. Gesellschaftlicher Status wird oft durch dieses Wort beschrieben, man kann »sozial schwach« sein, dem »schwachen Geschlecht« angehören, es gibt »strukturschwache Regionen«, und im Kolonialismus berief man sich auf die »Charakterschwäche«, also angebliche Faulheit, indigener Bevölkerungen. Die gesamte heterosexistische, rassistische Klassengesellschaft spiegelt sich in dieser Wertung.

Ein etymologischer Zwilling der Schwäche ist die Krankheit – »kranc« bedeutet tatsächlich »schwach«[36] –, und auch sie wird als Ausdruck derselben, als Ausdruck moralischer Schuld gesehen. Historische Wurzeln dafür finden sich im Mittelalter, wo religiöse Interpretationen in der Krankheit eine göttliche Strafe für unmoralisches, sündhaftes, unzüchtiges Verhalten sahen. Reinheit, und somit Gesundheit, konnten durch Katharsis und Beichte wiederhergestellt werden. Mit der Entwicklung der Medizin und der Erforschung biologischer Tatsachen hat der religiöse Aspekt abgenommen – die Moralisierung von Krankheit jedoch nicht im selben Maße.

Krankheit und Schlaf eint, dass sie als Schwäche stigmatisiert werden. In beiden Stadien ist der Mensch unproduktiv, beide Stadien werden, wenn sie zu lange andauern, als Faulheit gebrandmarkt. Der kranke Mensch, der müde Mensch ist *erschöpft,* seine Verwertbarkeit ist an körperliche Grenzen gestoßen. Die Künstlerin Carolyn Lazard schreibt: »Die radikale Autonomie des Körpers widersteht bisweilen der Kommodifizierung. Der Körper trotzt unserer optimalen Produktivität und wird krank.«[37] Nicht umsonst wird chronische Krankheit in unserem Staat hauptsächlich in Hinblick auf die Arbeitsunfähigkeit einer Person definiert: Um überhaupt als chronisch krank anerkannt zu werden, braucht es eine Arbeitsunfähigkeitsbescheinigung.

Was in dem Vorwurf der Faulheit aber immer mitschwingt: dass diese Arbeitsunfähigkeit gewählt ist. »Ein Grundsatz des Ableismus ist, dass er Stärke mit Gesundheit kombiniert und behauptet, Krankheit passiere einem nur, wenn man schwach ist«[38], sagt Steven Thrasher, Autor des Buches *The Viral Underclass*. Das ist analog zu neoliberaler Logik in allen möglichen Bereichen; Elend ist immer das Resultat mangelnder Anstrengung.

Bei der chronischen und der psychischen Krankheit findet sich das Paradox wieder, das schon bei Schlafproblemen augenfällig geworden ist: Sie gilt auf der einen Seite als selbst verursacht, könnte also mit genügend Disziplin durch den puren Willen des Individuums aus der Welt geschafft werden, auf der anderen Seite ist die Krankheit angeblich eine biologisch determinierte Abweichung, die völlig isoliert von sozialen, politischen und kulturellen Umständen entsteht.

All das erklärt aber noch nicht den Hass, der denen entgegenschlägt, die als schwach gelten. Vielleicht kann die Pandemie, eine Krise, bei der es in der Hauptsache um Krankheit, Schwäche und Arbeit ging, Aufschluss darüber geben. Dass eine Krise nichts Neues produziert, sondern nur das zu Tage fördert, was sowieso schon da war, ist mittlerweile zum Allgemeinplatz geworden. Am Anfang der Pandemie sah es noch so aus, als könnte tatsächlich eine neue Art von Solidarität entstehen. Der ehemalige Bundespräsident Gustav Heinemann wurde allerorten zitiert, auf Social Media, in Leitartikeln, in Politikerreden: »Man erkennt den Wert einer Gesellschaft daran, wie sie mit den schwächsten ihrer Glieder verfährt«, konnte man dort lesen – ungeachtet der Tatsache, dass wir unsere Gesellschaft noch nie so organisiert hatten.

Im Ausnahmezustand, so schien es, konnte man eine Weile der Realität ins Auge sehen, dass wir alle alt werden, potentiell vulnerabel und auf Fürsorge angewiesen sind. Genau wie der Schlaf, wenn man ihn vom Aufwachen her denkt, definiert sich die Gesundheit nämlich als das, was es nicht ist: »*Dis*abled, *in*valid – als ob es die reinste Form von Gesundheit sei, einfach nicht zu existieren. Gesundheit im Kapitalismus ist eine Unmöglichkeit. Im Kapitalismus muss man arbeiten, um Gesundheit zu erreichen, man muss produktiv und normativ sein, und erst dann steht einem die Gesundheit zu, die man *kaufen* kann«, heißt es in *Health Communism*.[39] Wenn unsere eigene Gesundheit einen derart prekären Status hat, sollte die Solidarität mit denjenigen, denen dieser Status entglitten ist, doch nicht nur selbstverständlich, sondern geradezu selbsterhaltend sein.

Stattdessen ist uns ein anderer Impuls viel geläufiger: Die vermeintliche Schwäche anderer wird als das eigentliche Problem dargestellt, gefährlicher und ansteckender als jeder Virus. Um in der Sorge um andere nicht selbst schwach zu werden, muss man sich möglichst brutal von ihnen abgrenzen. Die Angst davor gleicht einer blinden Todesangst, denn in der Anerkennung der Verletzlichkeit anderer steckt die Anerkennung der eigenen Sterblichkeit. In dieser Angst muss die reale Gefahr geleugnet werden. »Das Besitzindividuum verbannt den verleugneten Tod blindwütig in andere Körper«[40], schreibt die Philosophin Eva von Redecker in ihrem Buch über die *Bleibefreiheit*. Auf der anderen Seite wird der Tod normalisiert: »Wir behandeln viel zu viele Tode als erträglich«, so Redecker. »Etliche Leben verstreichen als entbehrlich oder ›unbetrauerbar‹.«[41] »Die Alten und Schwachen sterben sowieso bald« war eine Aussage, der am Anfang der Pandemie noch empört widersprochen wurde, die man dann aber in den folgenden Jahren unausgesprochen in die Realität umsetzte, einfach, indem man aufhörte, sie zu schützen. Die sogenannten »Vulnerablen« oder »Vorerkrankten« waren gerade erst in der Öffentlichkeit aufgetaucht, in Leitlinien, RKI- und Presseberichten. Nie wurde deutlich, um wie viele Menschen es sich tatsächlich handelte, sie bildeten die Abweichung von dem, was für alle anderen galt, die Ausnahme, auf die man Rücksicht nehmen sollte. Dass es sich um insgesamt ungefähr 22 Millionen Menschen handelte, also gut ein Viertel aller Einwohner Deutschlands, hätte man der Rhetorik niemals entnehmen können.[42] Vielleicht liegt das auch an der sonst üblichen staatlichen Verknüpfung von Arbeitsunfähigkeit und Krankheit. Auf einmal sollten auch Menschen verletzlich sein, die in der kapitalistischen Logik nicht als Bürde oder Überschuss eingeordnet wurden? Das war kaum zu vermitteln.

Mit der Impfung und der »milden« Variante des Virus kam dann der Zeitpunkt, an dem man die Vulnerablen wieder ins gesellschaftliche Dunkel verbannen konnte wie ein unliebsames Gespenst. Dabei ignorierte man die Tatsache, dass sich für mindestens fünf Millionen Menschen in Deutschland, deren Immunsystem durch Autoimmunkrankheiten geschwächt ist[43], kaum etwas änderte. Die Impfung hatte bei ihnen teilweise überhaupt keine Wirkung[44], sie waren durch eine Infektion genauso gefährdet wie zuvor. Hinzu kamen etwa 1,4 Prozent der Bevölkerung, die durch eine Therapie mit Immunsuppressiva auf dieselbe Weise feststeckten.[45] Auch für andere Menschen mit chronischen Erkrankungen oder altersbedingter Immunschwäche, die sich durch ein Dickicht an widersprüchlichen Empfehlungen kämpfen mussten, klangen die Entwarnungen wie Hohn.

Die Grausamkeit bestand darin, dass es für einen kurzen Moment so aussah, als hätten wir alle dazugelernt, als hätte die Anerkennung der eigenen Verletzlichkeit und der anderer zu einer Art Zivilisationsfortschritt geführt. Damit sind nicht die klobigen, fantasielosen Interventionen des Staats gemeint, wie etwa Lockdowns und Ausgangssperren, die ja ohnehin die meisten systemrelevanten Arbeiter*innen nicht schützten – gemeint ist ein neues Bewusstsein: Masken und Ventilation als neue Kulturtechniken, von denen alle profitieren, eine neue Aufmerksamkeit dafür, wohin man Infektionskrankheiten trägt. So könnte die Welt aussehen, wenn erkältete Menschen nicht durch einen Supermarktbesuch nebenbei den Tod anderer in Kauf nehmen.

Stattdessen ist die Welt gefährlicher geworden, der Hass auf die Schwachen hat sich verstärkt. Denn sie gemahnen an eine traumatische Zeit, eine Zeit, die ebenso wie die eigene Sterblichkeit vergessen werden soll. Das ist eine Assoziation, die von rechten Politiker*innen durch die gezielte Gleichsetzung von Lockdowns und Schutzmaßnahmen gestärkt wurde.

Ein politischer Sieg, zumindest in Deutschland: Diese falsche Äquivalenz hat sich letzten Endes überall diskursiv durchgesetzt – auch im linken Spektrum. Damit war jeder politische Wille, über Alternativen nachzudenken, verpufft.

Bei der Rede von der Eigenverantwortung, die in der Übergangsphase von offiziell anerkannter Pandemie zu angeblich beendeter Pandemie Konjunktur hatte, geht es in Wirklichkeit um die Auslagerung von Verantwortung. Indem man die gesellschaftliche Verantwortung, die Sorge, die zumindest der Staat für die als schwach markierten hat, an das Individuum selbst überträgt, leugnet man die Relationen der Fürsorge, aus denen das gesamte menschliche Zusammenleben besteht – die Sorgearbeit, die nicht auf Erziehung, Pflege und emotionale Arbeit beschränkt ist und die der marxistische Feminismus auch als soziale Reproduktion kennt.[46] Diese Leugnung ist ein im Neoliberalismus wie im Patriarchat nicht unbekannter Mechanismus und erstreckt sich auf alle Bedürfnisse in unserem Leben, auch auf die Erholung, auf den Schlaf. In einer aktuellen Fortsetzung ihrer bekannten *Sick Woman Theory* schreibt Johanna Hedva: »Mir ist klar geworden, dass die üblichste und universellste Bedingung des Lebens – dass unsere Körper fragil sind, krank werden, Erholung bedürfen, Unterstützung brauchen, dass sie überhaupt *Bedürfnisse haben* – zugunsten [klassistischer, rassistischer, imperialistischer, kolonialistischer, patriarchaler, cis-und heteronormativer, sexistischer, ableistischer] Systeme zu einem Maßstab des eigenen individuellen Versagens gemacht wurde, etwas, wofür man sich schämen und entschuldigen soll, etwas, das man verstecken soll, bis die Symptome abgeklungen sind und man zur ›Normalität‹ zurückkehren kann.«[47]

»Zur Normalität zurückkehren« hieß in Deutschland auch: eine markante Zunahme von sozialdarwinistischen Haltungen. Die kürzlich erschienene Mitte-Studie der Friedrich-Ebert-Stiftung[48], die alle zwei Jahre empirische Ergebnisse über rechtsextreme und demokratiegefährdende Einstellungen in Deutschland zusammenfasst, verzeichnet am »Ende« der Pandemie einen sprunghaften Anstieg der Zustimmung für Aussagen wie: »Wie in der Natur sollte sich in der Gesellschaft immer der Stärkere durchsetzen« oder »Es gibt wertvolles und unwertes Leben«. Die Autor*innen schreiben 2023: »Dabei denken aktuell 10 bis 12 Prozent der Befragten, dass sich in der Gesellschaft ›wie in der Natur immer der Stärkere durchsetzen sollte‹, vermeintlich ›schwache‹ Mitglieder seien Ballast oder ›unwertes Leben‹, oder dass ›die Deutschen anderen Völkern von Natur aus‹ überlegen seien. Allen drei sozialdarwinistischen Vorstellungen hängen knapp 6 Prozent der Befragten an und 16 Prozent immerhin teilweise. Das entspricht einer deutlichen Zunahme bei der Zustimmung von 2 bis 3 Prozent gegenüber den bisherigen Erhebungsjahren.«[49] Im Gegensatz zu anderen rechtsextremen Haltungen übrigens unabhängig vom Bildungsniveau.

Wie viel Schuld Darwin selbst am Sozialdarwinismus hatte, ist umstritten. Sicher ist aber, dass er den Begriff des »Survival of the Fittest« von Herbert Spencer übernahm, der im England des 19. Jahrhunderts in seinem Bestseller *Social Statics* vom »Kampf ums Überleben« schrieb. Über Menschen mit Behinderung oder Krankheit sagte er: »[...] das gesamte Bestreben der Natur ist, sie loszuwerden – die Welt von ihnen freizumachen und Raum für Besseres zu schaffen. Die Natur verlangt, dass jedes Wesen sich selbst versorgt. Alle, die das nicht tun, werden von der Natur stetig durch den Tod abgezogen.«[50] Aber woher kam diese Furcht vor der Knappheit? Ende des 18. Jahrhunderts beschrieb der Ökonom Thomas Robert Malthus ein angebliches Gesetz, das die Bevölkerungsentwicklung beherrsche[51]: Die Nahrungsmittelproduktion wachse immer in geringerem Maße als die Bevölkerung. Malthus' Prognose war düster. Mit den Theorien zur »Reservearmee« widersprachen Marx und Engels den malthusianischen Bevölkerungstheorien vehement. Davon unbeeindruckt nahmen Darwin und Spencer Malthus' Prämisse an und dachten sie weiter. Wenn es zu viel Bevölkerung für zu wenig Ressourcen gibt, ist ein Kampf ums Überleben ja nur einleuchtend – und im Gegensatz zu Darwin glaubte Spencer, es gäbe auch unter den Menschen natürliche Mechanismen, die diesen Kampf bestimmen.

Epidemien und, so ist anzunehmen, Pandemien, sind nach Spencer hilfreich bei der »natürlichen Auslese«: »Selbst die weniger unvollkommenen Gestalteten, die es unter normalen

Umständen schaffen, ihren Bedürfnissen entsprechend zu leben, sind immer noch die ersten, die von Epidemien davongerafft werden; und nur diejenigen, die robust genug sind, um ihnen zu widerstehen – nur diejenigen also, die sich sowohl den notwendigen, als auch den zufälligen Notwendigkeiten der Existenz leidlich angepasst haben, bleiben übrig. Und so bleibt die Rasse frei von Verunreinigungen.«[52] Die Verunreinigungen, vor denen die Sozialdarwinisten sich fürchten, können laut Spencer »moralisch, intellektuell oder körperlich« sein.

Auch hier, in den Anfängen dieser Denkweise, werden also schon körperliche Leiden und moralische Verfehlungen miteinander assoziiert. Darin findet sich wiederum ein Hinweis auf einen der fundamentalen Widersprüche des Sozialdarwinismus, denn die Schwäche ist scheinbar gleichzeitig biologisch determiniert und somit vererbbar als auch durch mangelnde »Tüchtigkeit« erworben und somit dem Individuum selbst zu Lasten zu legen. Es ist im Grunde derselbe Widerspruch, der uns schon beim Schlaf begegnet ist: Zwischen der Vorstellung, dass der Schlaf auf biologischer Ebene, also außerhalb von gesellschaftlichen Parametern stattfindet, und andererseits von der Gesellschaft normiert werden kann. Politisch gesehen ist auch der Sozialdarwinismus ein Mechanismus, um sich der Verantwortung für die Schwachen zu entheben, und insofern hilfreich für Ideologien wie den Laissez-faire-Kapitalismus und den heutigen Neoliberalismus. Im Gegensatz zur Eugenik, die Evolutionsmechanismen als rein biologisch determiniert betrachtet und eher analog zur Planwirtschaft funktioniert, braucht der aktuelle, neoliberale Sozialdarwinismus den Widerspruch, um das Leistungsprinzip ideologisch zu integrieren. Die Mitte-Studie stellt fest, dass sich sozialdarwinistische Aussagen unter Wählern der FDP besonderer Beliebtheit erfreuen: 14,7 Prozent stimmen diesen zu, im Gegensatz zu 5,3 Prozent unter CDU- und 2,5 Prozent unter Grünen-Wählern.[53]

Interessanterweise ist es das Immunsystem, das in der sozialdarwinistischen Logik der letzten Jahre die Hauptrolle gespielt hat. Im landläufigen Verständnis von Gesundheit ist ein »gutes« Immunsystem sowohl Ausweis genetischer Überlegenheit als auch eine Art Muskel, den man trainieren kann. Darin drückt sich das oben beschriebene Paradox aus: Die, die sich zur Norm zählen, beruhigen sich selbst mit ihrem »guten Immunsystem«, ihrer biologisch determinierten Überlegenheit, während sie gleichzeitig davon ausgehen, das Immunsystem lasse sich trainieren wie eine Art Muskel, durch Sport, gesundes Essen – kurz, ein tugendhaftes Leben –, aber hauptsächlich durch überstandene Krankheit. Dieser vor allem in Deutschland weit verbreitete Mythos bedeutet im Umkehrschluss, dass »Vulnerable« auf der einen Seite genetisch unterlegen sind, Versuche, sie zu schützen, also ohnehin keine Aussicht haben, sie sich auf der anderen Seite aber nicht genug angestrengt haben, um ihren Körper auf eigene Faust zum Selbstschutz zu trainieren. Dass diese Bilder sich nicht mit den komplexen Tatsachen der Immunologie decken, ist für ihre Verbreitung anscheinend unerheblich. Auch die Tatsache, dass Schlafmangel dem Immunsystem schadet, kommt erstaunlich selten vor in dieser Argumentation – vielleicht, weil sich der Schlaf nicht ohne weiteres in das leistungsorientierte Bild vom Trainieren einfügen lässt.

Besonders perfide ist die Fiktion der »Immunschuld«, die aufkam, kurz nachdem die Pandemie für beendet erklärt wurde. Angeblich, so hieß es in vielen Medien und an jeder Straßenecke, hätten die »eigentlich gesunden« Menschen während der Pandemie durch Maßnahmen wie das Tragen von Masken ein Defizit an Infektionen angesammelt, wie auf einer Art Konto, die nun allesamt nachgeholt werden müssten. »Wachsen durch Infektion, das ist eine sehr anthroposophische Ansicht«, sagt die Infektiologin Jana Schroeder dem *Tagesanzeiger.*[54] »Und früher, als man es nicht besser wusste, ergab das auch Sinn. Ein paar haben die Infektion nicht überstanden, doch die, die es geschafft haben, waren vor dem Erreger meist gefeit.« Schroeder spielt hier, wissentlich oder nicht, auf eine der traditionellen Vorstellungen des Sozialdarwinismus an: Wer es »schafft«, hat sich im »Kampf ums Überleben« durchgesetzt. Die revisionistische Erzählung von der »Immunschuld« fügt sich nahtlos ein in die Reihe an Grausamkeiten, die Vulnerable über sich ergehen lassen mussten. Nicht nur hält sie keinerlei wissenschaftlichen Prüfung statt, sie beinhaltet auch eine moralische Umdeutung der letzten Jahre. Das Wort »Schuld« ist kein Zufall hier: Die kurzzeitige

Solidarität mit den Schwachen wird umgewertet, von einer notwendigen Sorge zu einem letztlich schädlichen Fehler.

Die Vorstellung, dass man durch Leiden wächst, hat eine lange Tradition in Deutschland. Vom Protestantismus über die schwarze Pädagogik bis hin zur Ideologie des Nationalsozialismus findet sich das Ideal der Abhärtung besonders in der Erziehung von Kindern. Auch Kinder sind »schwach« – insofern, als sie wie Kranke und Schlafende auf die Sorge anderer angewiesen sind.

Die Ärztin Johanna Haarer, die mit *Die Deutsche Mutter und ihr erstes Kind* den bekanntesten Erziehungsratgeber der Nazizeit veröffentlichte und deren Ratschläge noch heute nachwirken, propagierte die Nichtbeachtung als bevorzugte pädagogische Methode. Über das schreiende Kind, das nicht schlafen »will«, schreibt sie: »Versagt auch der Schnuller, dann, liebe Mutter, werde hart! Fange nur ja nicht an, das Kind aus dem Bett herauszunehmen, es zu tragen, zu wiegen, zu fahren oder es auf dem Schoß zu halten, es gar zu stillen. Das Kind begreift unglaublich rasch, daß es nur zu schreien braucht, um eine mitleidige Seele herbeizurufen und Gegenstand solcher Fürsorge zu werden. Nach kurzer Zeit fordert es diese Beschäftigung mit ihm als ein Recht, gibt keine Ruhe mehr, bis es wieder getragen, gewiegt oder gefahren wird – und der kleine, aber unerbittliche Haustyrann ist fertig.«[55]

Die Angst vor der Schwäche anderer ist das Leitmotiv: Im ewigen Kampf zwischen den Menschen ist die Hilflosigkeit des Kindes einzig ein Mittel zur Manipulation, zur Beherrschung des anderen. Wer auf die Schwäche des anderen mit Fürsorge reagiert, ist auf die Manipulation hereingefallen, hat also selbst Schwäche bewiesen. Es gilt, sich möglichst brutal abzugrenzen, indem man Äußerungen der Schwäche mit Nichtbeachtung straft. Haarer schreibt: »Nicht einmal aus etwaigen Äußerungen des Schmerzes mache man unnötig viel Wesens. [...] Grundverkehrt [...] ist es, das Kind bei jeder Kleinigkeit mit Äußerungen des Mitleids zu überschütten. Die Mutter, die hier vielleicht zweifelt, mache einmal den Versuch: Das Kind, das bei irgendeinem kleinen Schmerz nicht unnötig bedauert wird, schreit nur etwa halb so lang.«[56]

Haarers ideologische Prinzipien sind kongruent mit einer Gesundheitspolitik, in der eine besonders menschenverachtende Form der Eugenik praktiziert wurde und zur Ermordung der vermeintlich Schwachen führte; in der die Vorstellung von »unwertem Leben« sich in der Leitideologie der Rassenhygiene rassistisch und antisemitisch ausformte und der vereinheitlichte »Volkskörper« die Gesundheit des Einzelnen der Gesundheit der Gemeinschaft unterordnete.

In einem vom Reichsarzt der Hitlerjugend herausgegebenen Gesundheitsbuch hieß es: »Jeder Deutsche hat die Pflicht, so zu leben, daß er gesund und arbeitsfähig bleibt. Krankheit ist ein Versagen [...] Der Kranke ist nicht zu bemitleiden.[57]« Das sind die Teile der Ideologie, die bis ins Heute nachhallen, in Aufforderungen, sich zusammenzureißen, sich nicht so anzustellen, durchzuhalten, und vor allem: in jeder

Verfassung zu arbeiten. Nun könnte man einwenden, dass das für alle kapitalistischen Ausbeutungsverhältnisse gilt. Ebenso könnte man argumentieren, dass die Abhärtung ein Mittel jeder Art von autoritärer Erziehung ist. Die Soziologin und Politikwissenschaftlerin Sigrid Chamberlain beschreibt den entscheidenden Aspekt einer nationalsozialistischen Erziehung, und somit des deutschen Kontexts, als die »Erziehung durch Bindungslosigkeit zur Bindungsunfähigkeit«.[58]

Diese Bindungslosigkeit ist letztlich ein direktes Resultat der sozialdarwinistischen Vorstellung des Lebens als Kampf aller gegen alle, die in Deutschland besondere Verbreitung fand. Wenn Hitler zur »unbarmherzigen Absonderung unheilbar Erkrankter« rät, dann ist das Ausdruck einer Geisteshaltung, in der Hilfsbedürftigkeit als Aggression verstanden wird und die Sorge um andere zur eigenen Schwächung führt. Das setzt aber voraus, dass man die Relationen der Fürsorge, aus der menschliches Zusammenleben besteht – mindestens als soziale Reproduktion –, verleugnet. Im Reden von der unbedingten Eigenverantwortung ist diese Leugnung enthalten, und es ist ein Fehler, sie lediglich als weltfremd zu betrachten: Sie ist gefährlich. In Zeiten der Klimakatastrophe werden mehr und mehr Menschen auf Hilfe und Zusammenarbeit angewiesen sein. Eine sozialdarwinistische Politik der Eigenverantwortung ist den Katastrophen der Zukunft nicht gewachsen.

Ungeachtet dessen kehren wir nach dem offiziellen Ende der Pandemie in eine Normalität zurück, die in vielerlei Hinsicht schlechter ist als die vorherige. Die Erschöpfung hat sich ausgeweitet, wurde aber nicht entstigmatisiert. Völlig haltlose traditionelle Vorstellungen von Gesundheit haben sich verfestigt – wie zum Beispiel die Idee, dass kalte Luft oder nasse Haare ganz ohne den Einfluss von Pathogenen eine sogenannte »Erkältung« produzieren können, dass Infekte am besten ignoriert und daher tapfer von Arbeitsplatz zu Abendgesellschaft getragen werden sollten –, während Forschung, die sich mit der Verbreitung von postviralen Erkrankungen befasst, in Zukunft auf noch taubere Ohren stoßen wird.[59] Dabei ist die bittere Ironie, dass nun ein neues Pathogen im Umlauf ist, das bei jeder Reinfektion erneut das Risiko birgt, chronisch zu erkranken[60] – zuzüglich zu den altbekannten Viren, deren Spätfolgen wir erst langsam verstehen.

Weltweit leiden heute etwa 17 Millionen Menschen unter myalgischer Enzephalomyelitis[61], auch »chronisches Erschöpfungssyndrom« genannt, eine Krankheit, die einen großen Teil der immer mehr werdenden Langzeitfolgen dieser Pandemie ausmacht und von der generell vermutet wird, eine Folge gemeiner Infektionskrankheiten zu sein. In den 1980er-Jahren, berichtet *Time Magazine*, »[…] behandelten viele in der medizinischen Fachwelt das chronische Erschöpfungssyndrom wie einen Witz. Manche Ärztinnen und Ärzte taten zehrende Symptome wie niederschmetternde Müdigkeit und ›Crashes‹ nach dem Sport als Hirngespinste ab. Die Medien gaben der Krankheit sogar den abschätzigen Spitznamen ›Yuppie Flu‹.«[62] Dass Frauen mindestens zweimal so häufig von dieser

Krankheit betroffen sind wie Männer, hat sicherlich dazu beigetragen, dass diese Krankheit so sehr trivialisiert wurde.[63] Auch heute kämpfen Wissenschaftler*innen um Gelder zur Erforschung von myalgischer Enzephalomyelitis[64], Beiträge in den Medien reichen von uninformierter Psychosomatisierung der Symptome bis hin zu Interviews mit Ärzten, die sich offenbar berufliche Vorteile davon versprechen, Leidende zu diskreditieren.[65] Patient*innen berichten, trotz klar messbarer Biomarker nicht ernst genommen zu werden.

Die jahrzehntelange Bagatellisierung lässt sich, neben dem offensichtlichen Sexismus, mit der Stigmatisierung von Müdigkeit als Faulheit erklären. Das chronische Erschöpfungssyndrom hat nämlich eine Besonderheit, die allen gängigen, leistungsorientierten Vorstellungen von Gesundheit zuwiderläuft: Jede Überbelastung führt zu einer Verschlechterung, eine Regeneration durch langsame Belastungssteigerung ist unmöglich.[66] Sich »zusammenzureißen« und Dinge trotzdem zu tun, kann sehr gefährliche Folgen haben. Der Versuch, Stärke zu zeigen, endet in einer Schwächung. Was für Betroffene von myalgischer Enzephalomyelitis auf der individuellen Ebene gilt, spiegelt sich gewissermaßen auf gesellschaftlicher Ebene. Je weniger wir Schwäche zulassen – die eigene und die der anderen –, je vehementer wir die Sorge für andere und uns selbst ablehnen, desto weniger sind wir gewappnet für die Gefahren der Welt. Denn Regeneration findet nicht durch Leistung statt, sondern durch Ruhe. Zum Beispiel im Schlaf.

Der Schlaf ist die Wiederkehr einer Unterbrechung in unserem Leben, er ist eine Bewusstseinslücke, ein zeitlicher Kontrollverlust. Er ist, so Jonathan Crary, »eine der wenigen verbliebenen Erfahrungen, in denen wir uns, ob bewusst oder nicht, der Fürsorge anderer überlassen. So einsam und privat er erscheinen mag, er ist nicht abgetrennt von einem zwischenmenschlichen Gefüge des Vertrauens und Unterstützens, mögen auch viele dieser Bindungen noch so sehr beschädigt sein.«[67] Auch insofern ähnelt der Schlaf der Krankheit: Er ist ein körperlicher Zustand, in dem wir auf die Sorge anderer angewiesen sind. Gleichzeitig ist er ein regenerativer und integrativer Prozess, der absolut notwendig ist. Und in dieser Gleichzeitigkeit liegt das Potential des Schlafs als positives Gegenbild zur sozialdarwinistischen Vorstellung von Schwäche: Er stellt eine Verletzlichkeit dar, die notwendig ist, um sich wiederherzustellen. Eine Verletzlichkeit, die sich nicht verleugnen lässt, weil sie absolut universell ist, eine Schutzlosigkeit, die zu Regeneration und Heilung führt.

Haytham El-Wardany schreibt in *The Book of Sleep* in kurzen, lyrischen Kapiteln über den Schlaf. Eines, betitelt »The First Law«, handelt von der Schwerkraft. Den ganzen Tag, so El-Wardany, mühen wir uns ab, um gegen das Naturgesetz anzukommen, wir fallen und stehen wieder auf, manche Dinge entgleiten uns, manche nicht. Bis am Abend der Kampf eingestellt wird. Die Menschen »fallen schlafend in den Schoß der Erde, geben sich der unmessbaren Kraft anheim, an deren Beherrschung sie den ganzen Tag gearbeitet haben.« Aber dann, so El-Wardany, passiert etwas Unerwartetes: »Der Moment der Kapitulation bringt die Befreiung. Der Schwerkraft hingegeben, auf dem Boden ausgebreitet, ist die Schläferin schwebend und leicht, gelöst von dem, was sie niederdrückt, und für einen kurzen Moment kann der kraftlose Schlaf dieser großen, das Universum begründenden Macht die Stirn bieten. Für den kürzesten Moment.«[68] In El-Wardanys Welt ist das Leben kein Kampf aller gegen alle, sondern ein Mühen der Menschen im Angesicht einer unsichtbaren Kraft. Und die Befreiung von diesen Mühen kann nur im Moment der Kraftlosigkeit, im Schlaf, geschehen. Damit beschreibt El-Wardany ein komplementäres Gegenbild zur vehementen Demonstration von Stärke, die doch immer nur zur Schwächung führt – im Schlaf sieht er die Schwäche, die uns sogar die Kraft verleihen kann, uns von der Macht eines Naturgesetzes zu befreien.

In den Asklepieia, jenen dem Gott der Heilkunst gewidmeten antiken griechischen Heilstätten, legten sich Nacht für Nacht Patient*innen nieder, um zu heilen. Im Schlaf wurden sie von Asklepios behandelt.[69] Den Abaton, den Liegeraum, teilte man mit anderen; der Gott ging von Schlafstatt zu Schlafstatt und fragte nach Leiden, berührte, operierte, gab Anweisungen oder verabreichte Medizin – zumindest erschien er ihnen so im Traum. Waren die Träume zu rätselhaft, standen am nächsten Tag Priester bereit, um bei der Interpretation zu helfen und die Leidenden bei der Selbstheilung zu unterstützen. Die Priester waren es auch, die die Träume der Patient*innen aufzeichneten und die eventuellen Wunderheilungen dann wiederum als Werbung für die Methode in den Vorräumen des Tempels ausstellten.

Über den Schlaf selbst gibt es nichts zu berichten – er ist eine Lücke, eine Leerstelle im Bewusstsein. Der Traum füllt diese Lücke, und im Fall des Tempelschlafs kann man den Krankenbesuch von Asklepios als Darstellung der Fürsorge anderer interpretieren, in die wir uns durchs Schlafen begeben. Auch sind die Tempelschläfer nicht einsam, sie alle schlafen im selben Raum, die Hingabe an die Sorge des heilenden Gottes ist eine gemeinsame Erfahrung. Aber selbst, wenn niemand um uns herum ist, ist der Schlaf immer noch eine Hingabe an die Fürsorge der Welt – das Einschlafen ist ein Vertrauensbeweis, mit dem wir demonstrieren, dass das Leben eben nicht von Natur aus ein Kampf aller gegen alle ist. Auch deshalb ist der Schlaf ein Akt der Restitution. Die Fürsorge, egal wie implizit, hat heilende Eigenschaften.

Das Wort *Erholung* weist schon auf die zyklische Natur des Schlafs hin: Jede Nacht holen wir uns etwas zurück, was wir am Tag lassen, und jeden Morgen fangen wir erneut an. Sowohl Jonathan Crary als auch Eva von Redecker sehen in diesem Neuanfang einen Ausdruck von Freiheit. Crary schreibt: »Einer der vielen Gründe, warum menschliche Kulturen lange den Schlaf mit dem Tod assoziiert haben, liegt in dem von beiden erbrachten Beweis, dass die Welt in unserer Abwesenheit weiterbesteht. In der nur vorübergehenden Abwesenheit des Schlafenden liegt aber auch die Verbindung mit einer Zukunft, mit einer Möglichkeit von Erneuerung und damit von Freiheit«[70], und von Redecker spricht über Schlaf im Kapitalismus als Wiederherstellung von Arbeitskraft, aber fügt hinzu: »Es gibt eben auch Schlaf, der sich nicht wie Knochenarbeit anfühlt, Schlaf, den wir nicht herstellen, sondern der uns wiederherstellt: Das ist Schlaf als Regenerationsprozess. Regeneration ist die Zeit, in der etwas Lebendiges sich anstrengungslos wiederherstellt. Das klingt für mich mehr nach Freiheit denn nach Arbeit.«[71] Der Schlaf, der nicht auf die Reproduktion von Arbeitskraft hin optimiert ist, ist nach Redecker ein Ausdruck von erfüllter, herrschaftsloser Zeit. Der französisch-dänische Impressionist Camille Pissarro malte 1882 das Gemälde *Le Repos*, das eine schlafende Landarbeiterin zeigt, die Hand unter dem Kopf, den Rechen neben sich im Gras. Pissarro war Anarchist[72], und es ist nicht weit hergeholt, in der schlafenden Frau jemanden zu sehen, der sich der Arbeit verweigert: Sie hat ihren Hut noch auf, Schürze und Schuhe an, sie hat die Arbeit unterbrochen. Außer ihr ist niemand anderes auf dem Bild, kein Aufseher, niemand, der sie vom Schlafen abhalten könnte. Den Streik als Befreiung beschreibt auch Eva von Redecker: »Jede Befreiung nutzt die Wucht der Endlichkeit, indem sie etwas Bestehendes aussetzt. Auf kollektiver Ebene liegt die höchste Potenzierung solcher Befreiungskraft im Generalstreik.«[73]

Der Schlaf setzt nicht nur Arbeit aus, sondern auch Hierarchien. Er übermannt uns alle, auch diejenigen, die dabei helfen, die bestehenden Machtverhältnisse aufrechtzuerhalten. Jean-Luc Nancy schreibt *Vom Schlaf*: »Alles kommt sich selbst und dem Rest der Welt gleich. Alles gibt sich der allgemeinen Äquivalenz anheim, in der ein Schläfer so viel wert ist wie irgendein anderer Schläfer und jeder Schlaf so viel wert ist wie alle anderen, egal wie er scheinen mag.«[74] 2022 zeigte die Künstlerin Hannah Sophie Dunkelberg in der Ausstellung »Müde Pferde« stehende Pferdestatuen, die an Reiterdenkmäler erinnern, im Liegen auf bunten Sofas.[75] Das sich martialisch aufbäumende Symbol für ein kriegerisches Patriarchat liegt auf dem Rücken. Hier wird der Schlaf zur Unschädlichmachung, zum Bannzauber für eine zu überkommende Tradition. Wer schläft, sündigt nicht. Das ist das Mindeste.

Wir müssen keine neue ikonografische, politische oder narrative Tradition entwickeln, um den Schlaf als positiven Ausdruck von Schwäche zu nutzen. Sowohl in der Vergangenheit als auch in der Gegenwart gibt es eine Fülle an Bildern, die den Schlaf und somit die Verletzlichkeit als Hingabe an die Sorge, als Aussetzung von Bestehendem, als Bannzauber der Hierarchien zeigen. Jeder Mensch gibt sich dieser Schutzlosigkeit nachts hin, die Universalität der Erfahrung straft die Erzählung von der Unbarmherzigkeit als einziges Mittel zum Überleben Lüge. Man muss nur das Glück haben, überhaupt schlafen zu können.

TIEFSCHLAF

EEG-Aufzeichnung: Deltawellen – niedrigste Frequenz, höchste Amplitude.

N3 wird auch als »Slow Wave Schlaf« bezeichnet (SWS). Sie ist die tiefste Schlafphase und gekennzeichnet durch Signale mit sehr niedrigen Frequenzen und hohen Amplituden, Deltawellen genannt. ***In dieser Phase ist es am schwierigsten, aufgeweckt zu werden, und manche Menschen wachen nicht einmal von lauten Geräuschen (> 100 Dezibel) auf.*** *Mit dem Alter wird diese langsame, von Deltawellen geprägte Schlafphase tendenziell kürzer, und die N2-Phase länger. Obwohl es die Phase mit der höchsten Aufwachschwelle ist, wird jemand, der in dieser Phase aufgeweckt wird, vorübergehend desorientiert und schlaftrunken sein. Kognitive Tests zeigen, dass Personen, die während dieser Phase geweckt werden, etwa eine halbe bis eine Stunde lang mental beeinträchtigt sind.* ***In dieser Phase wird im Körper Gewebe repariert und regeneriert, Muskeln und Knochen wachsen, das Immunsystem wird gestärkt. Außerdem ist es die Phase, in der es zu Schlafwandeln, Nachtschreck und Bettnässen kommt.***[76]

Meine Schlaflosigkeit ist ein Tunnel. Entgegen jeder Empfehlung von Experten der Schlafhygiene bleibe ich liegen, im Warmen, die Augen geschlossen. Ich komme nicht mehr an die Oberfläche. Eigentlich, so heißt es, soll man aufstehen, das Licht anmachen und etwas lesen, bis man müde wird. Diese Leute verstehen nicht, dass es draußen, vom Bett aus besehen, schrecklich kalt und hell ist, und dass Lesen außerdem nicht langweilig genug ist, um müde zu machen. Also bleibe ich liegen und starre mit geschlossenen Augen in den Tunnel.

Ich könnte behaupten, dass ich nicht weiß, wie viel Zeit im Dunkeln verstreicht. Aber meine innere Uhr ist mittlerweile so präzise, dass ich es immer ziemlich genau weiß. Ich fürchte, ich habe sie trainiert, in Nächten, in denen ich alle paar Minuten nachgesehen habe.

Manche Menschen berichten von rotierenden Gedanken, die sie nicht schlafen lassen, vom Kopfkino. In meinem Kopf herrscht Leere.

Ich liege still, und in mir ist etwas ganz fürchterlich angeknipst. Jemand weigert sich, das Licht auszumachen. Mein Kiefer wird hart und brennt. Manchmal schaue ich doch auf die Uhr, obwohl ich sowieso schon weiß, was sie zeigt. Noch etwas, was man nicht machen soll, weil es angeblich Stress produziert. Als wäre das Herumliegen nicht Stress genug. Dabei kommt die Verzweiflung nur noch selten, in der zweiten oder dritten Nacht ohne Schlaf.

Ich bin eine Schlaflosigkeitsveteranin, mir macht niemand was vor. In dem Moment, in dem in mir dieses Ding angeknipst wird, weiß ich, ich habe verloren. Stress spüre ich trotzdem. Nur weil es aussichtslos ist, heißt das nicht, dass ich es mir leisten kann, aufzugeben.

Marie Darrieussecq schreibt in ihrem Buch *Sleepless*: »Ich habe während meiner unendlichen Schlaflosigkeit einiges zu lesen. In jedem Buch, das ich öffne, geht es um Insomnie. Gide! Pavese! Plath! Sontag! Kafka! Dostoevsky! Darwish! Murakami! Césaire! Borges! U Tam'si! Und so viele andere Meister der Erschöpfung. Auf jedem Kontinent ist das alles, worüber die Literatur spricht. Als ob Schreiben nicht-schlafen sei.«[77]

Sie hat recht, auch ich finde in jedem Buch, das ich aufschlage, etwas über die Schlaflosigkeit. Eine vielzitierte Stelle aus Kafkas Tagebüchern lautet:

»Schlaflose Nacht. Schon die dritte in einer Reihe. Ich schlafe gut ein, nach einer Stunde aber wache ich auf, als hätte ich den Kopf in ein falsches Loch gelegt. Ich bin vollständig wach, habe das Gefühl, gar nicht oder nur unter einer dünnen Haut geschlafen zu haben, habe die Arbeit des Einschlafens von neuem vor mir und fühle mich vom Schlaf zurückgewiesen.«[78]

Wenn schon Kafka über die Schlaflosigkeit geschrieben hat, was soll man dann noch dazu sagen? Ich weiß nicht, ob mich Darrieussecqs These von der Literatur als »nicht-schlafen« überzeugt. Was ich aber beobachte: Die meisten zeitgenössischen Berichte über die Insomnie haben eine literarische

Dramaturgie. Es sind Ich-Erzählungen oder Ratgeber, sie sind literarisch anspruchsvoll, wie zum Beispiel *Das Jahr ohne Schlaf* von Samantha Harvey, oder stehen in der Selbsthilfeabteilung, wie Arianna Huffingtons *Schlaf-Revolution.* Sie haben eine Heldin, die auf Widrigkeiten stößt, deren Geschichte einen Bogen spannt. Eine innere Entwicklung findet statt, nach deren Vollzug die Heldin ihre Schlaflosigkeit überwunden, nein, besiegt hat. Damit kann ich nicht dienen.

Erschwerend kommt hinzu, dass die Insomnie ein Biest ist, das aggressiver wird, je genauer man es betrachtet. Wenn man die Augen schließt, ist es da, und wenn man es beobachtet, schlägt es zu. Es ist also wahrscheinlich keine gute Idee, zu viel darüber zu lesen oder zu schreiben. Am besten, man verbannt die schiere Möglichkeit einer schlaflosen Nacht in den Raum des Undenkbaren und beschäftigt sich nie wieder damit. Aber natürlich ist das ein völlig unrealistisches Vorhaben – das Biest ruft sich ja andauernd in Erinnerung.

Der Schlaf lässt sich nur von außen beschreiben, ansonsten bleibt er unfassbar. Deswegen geht es in der Kunst, der Literatur und der Popkultur oft um die Abwesenheit des Schlafs oder um seinen Inhalt, den Traum. Mich interessieren besonders die Zwischenwelten des Schlafs, das Schlafwandeln, die Betäubung, der Torpor, die Schlafparalyse, die Hypnagogie.

Auf Youtube schaue ich eine Sendung von 2004, frühes Reality-TV, eine Mischung aus Gameshow und sozialem Experiment. In *Shattered*[79] treten zehn Kandidat*innen gegeneinander an, um zu sehen, wer am längsten wach bleiben kann. Die Proband*innen dieses moralisch fragwürdigen Formats leben während der gesamten Zeit in einer Art Big-Brother-Container mit weißen Wänden, einem großen Sofa, aber ohne Betten.

Eingeleitet wird die Sendung von atemlosen Collagen moderner Urbanität: beschleunigte Menschenströme, Lichtreklamen, Wolkenkratzer. Dazu ein pseudosozialkritisches Voiceover: »Es ist die Obsession des 21. Jahrhunderts: Schlafmangel. Und wir leiden alle darunter.« Verantwortlich gemacht werden unter anderem »Mobiltelefone und E-Mails«. Es ist eine unschuldigere Zeit, Social Media ist noch zwei Jahre entfernt, die Kanditat*innen, die um 100 000 Pfund spielen, verbringen die Zeit im Container tatsächlich damit, miteinander zu sprechen. Trotzdem ist es extrem langweilig, ihnen beim Wachbleiben zuzusehen. Bis auf die »Elimination Challenges« am Ende jeder Folge, bei denen die Kandidat*innen zum Beispiel Erbsen zählen müssen, ohne dabei einzuschlafen, passiert eigentlich überhaupt nichts. Nur einmal hat jemand Halluzinationen, aber die, die nicht ausscheiden, halten sich erstaunlich gut. Ansonsten wird herumgesessen und gegähnt. Wäre ich schlafbegabter, würde *Shattered* wahrscheinlich helfen.

Ich habe Phasen. Manchmal gleiche ich wochenlang einer Person, die von all diesen Problemen noch nie gehört hat – ich lege mich hin, mache die Augen zu und bin weg. Dann aber kommt verlässlich eine insomnische Phase. Es ist unmöglich, vorher zu wissen, wie lange sie dauern wird, aber immer ist sie gekennzeichnet durch nächtelanges Wachliegen und ein paar Stunden gnädigen Schlafs am Morgen. An Tag drei oder vier setzt die Verzweiflung ein, es wird immer schwieriger, zu funktionieren. Meine Gedankenwelt wird obsessiv und panisch, und mich verfolgt die irrationale Frage: Was, wenn ich nie wieder schlafen kann?

Die »tödliche familiäre Schlaflosigkeit« wird zum ersten Mal im 18. Jahrhundert verzeichnet, bei einer Adelsfamilie aus dem Veneto. Der Autor D. T. Max erzählt in seinem Buch *The Family That Couldn't Sleep*[80] die Geschichte dieser Familie. Elisabetta, auch Lisi genannt, wird 1949 geboren und ist die erste in ihrer Verwandtschaft, die den mysteriösen Krankheits- und Todesfällen nachgeht, die sich seit Jahrzehnten durch ihre Familie ziehen und von denen sie nur durch bruchstückhafte Erzählungen erfährt. Lisi ist Krankenschwester, ihr Mann Ignazio Arzt. Als Lisis Tante Pierina im März 1979 nach monatelanger Schlaflosigkeit stirbt, gibt Lisi sich nicht mit der offiziellen, vom Krankenhaus notierten Todesursache (»vererbte Enzephalitis«) zufrieden. Sie und ihr Mann recherchieren mithilfe eines Familienstammbaums alle frühzeitigen und ungewöhnlichen Tode. Außerdem organisieren sie eine Autopsie von Lisis Tante, bei der ein Neurologe winzige Löcher in der Hirnsubstanz und eine Ähnlichkeit zu Creutzfeldt-Jakob feststellt. Aber erst als Lisis Onkel Silvano erkrankt, fertigt Ignazio ein EEG an, auf dem völlig unerhörte Hirnströme zu sehen sind. Als Silvano 1983 stirbt, gibt die Zerstörung seines Thalamus – des Hirnteils, der die Schlaf-Wach-Regulation steuert – Hinweis auf den Charakter der Krankheit.

Die italienischen Forscher, die mit Silvanos Autopsie betraut sind, geben der Krankheit den Namen, den sie heute hat – »Fatal Familial Insomnia«, auch FFI. Als Prionkrankheit, bei der falsch gefaltete, pathogene Proteine andere Proteine praktisch »anstecken«, also auch in Pathogene verwandeln, wird FFI erst in den 1990er-Jahren identifiziert – auch Creutzfeldt-Jakob, BSE und Kuru sind Prionkrankheiten. Sie alle sind extrem seltene, fast ausschließlich erbliche, unheilbare Krankheiten, die auf eine genetische Veränderung zurückzuführen sind. Frühe Symptome sind, neben der Schlaflosigkeit, übermäßiges Schwitzen und stecknadelgroße Pupillen. Später kommen demenzähnliche Zustände, Paranoia und Halluzinationen hinzu. FFI verläuft immer tödlich.

In ihren späten Zwanzigern fängt Lisi an, ihre Mutter zu beobachten. Lisi weiß, dass die Krankheit im mittleren Alter ausbricht und dass ihre eigene Gesundheit davon abhängt, ob ihre Mutter das Pathogen in sich trägt. Bei D. T. Max heißt es: »Sie lief Isolina Tag und Nacht hinterher und jedes Mal, wenn ihre Mutter nicht schlafen konnte, wurde Lisi panisch. ›Ich war ein Spion in meinem eigenen Haus‹, erinnert sie sich. ›Ich schlich mich in ihr Zimmer, um zu sehen, ob sie auch wirklich schlief.‹ Während dieser ›Jahre in der Hölle‹ entwickelte Lisi selbst Insomnie und hatte immer mehr Angst, FFI zu bekommen.«[81]

Zwar ist die Schlaflosigkeit nur ein treibendes Symptom der Krankheit und nicht ihre Ursache. Dennoch: Die Ironie, dass die Angst vor der Krankheit selbst schon ihre Symptome hervorruft, enthüllt das ganze Drama der Schlaflosigkeit.

In dem Redditforum r/insomnia, in dem sich neben hilfreichen Tipps auch eine ganze Menge nächtlicher Verzweiflungsrufe finden, gibt es ungefähr einmal im Monat einen Post, in dem jemand sich sicher ist, die Krankheit zu haben. Es ist gut zu wissen, wie selten FFI ist – nur etwa 40 Familien auf der ganzen Welt haben die genetische Mutation. Sonst würde ich wahrscheinlich auch in jeder schlaflosen Nacht vor dem Spiegel stehen und meine Pupillen auf ihre Größe hin untersuchen.

Was ich weiß:

Keinen Alkohol zu trinken, schadet nicht. Eventuell hilft es aber auch nicht besonders.

Kaffee komplett zu streichen, wäre wahrscheinlich besser, aber wie asketisch kann man leben? Das Mindeste, deshalb: Kein Kaffee nach 17 Uhr.

Nach halb zwei Uhr einschlafen zu wollen, ist schwierig. Vor halb fünf ist es aussichtslos. Zwischen sechs und zehn Uhr morgens ist ein Zeitfenster, in dem es fast immer geht.

Vor Mitternacht im Bett zu sein, ist die beste Voraussetzung, der Misere der Schlaflosigkeit zuvorzukommen.

Tag zwei ohne Schlaf lässt sich fast problemlos bewältigen. An Tag vier funktioniert überhaupt nichts mehr.

Melatonin hilft bei Jetlag, aber nicht bei längeren Phasen der Schlaflosigkeit. Außerdem muss man es eine Stunde vor dem Zubettgehen nehmen, und wer ist schon so vorausschauend?

Gute Tageslichtlampen sind teuer und geben einem das Gefühl, in einem Krankenhaus zu leben. Spaziergänge am frühen Morgen können sie ersetzen, wenn man sich denn aufraffen kann.

Vor dem Schlafengehen keine Bildschirme zu benutzen, gelingt nicht immer. Es gibt unübersichtlich viele Einstellungen, die das blaue Licht filtern sollen.

Kamille und Bachblüten bringen überhaupt nichts. Antihistamine machen schläfrig, aber wenn es schlecht läuft, bleibt man wach und ist dann einfach besonders müde.

Wenn man spät in der Nacht aufwacht und nicht mehr einschlafen kann, ist es hilfreich, sich vor Augen zu halten, dass der Dopaminspiegel um diese Uhrzeit besonders niedrig ist – und die Hoffnungslosigkeit biochemisch bedingt.

Für Schlafmangel keine Entschuldigung zu haben – Kinder oder Arbeit, zum Beispiel –, löst in manchen Mitmenschen ein überraschendes Maß an Verwirrung aus.

Urlaub kann zur Qual werden, wenn sich Räume nicht abdunkeln lassen, Lärm unvermeidlich ist. In der panischen Antizipation der örtlichen Gegebenheiten wirkt man gelegentlich wie ein besonders anspruchsvoller Mensch.

Schäfchenzählen und andere Denkübungen können wach, und im schlimmsten Fall wütend machen. Ähnlich verhält es sich mit White-Noise-Maschinen, meditativen Videos oder langen Vorträgen über Spezialthemen auf Youtube.

Schlaflosigkeit macht neurotisch, Schlafhygiene rigide. Es ist nicht ausgeschlossen, dass man seinen Mitmenschen mit den vielen selbstauferlegten Regeln extrem auf die Nerven geht.

Ein schlafloser Freund hat einmal zu mir gesagt: »Ihr, die ihr nicht einschlafen könnt, habt es gut, ihr könnt wenigstens Medikamente nehmen. Das geht bei mir nicht, ich kann nicht *durch*schlafen.« Ich weiß nicht, woran es liegt, aber ich war schon immer der festen Überzeugung, dass ich von Schlaftabletten umgehend abhängig würde. In meiner Vorstellung sind sie eine Art Einstiegsdroge in die Welt der medizinischen Selbstoptimierung und verdecken außerdem höchstens die Wurzel des Problems. Also versuche ich alles, was außerhalb meiner persönlichen roten Linie der Verschreibungspflicht liegt.

Das hat mich nicht davon abgehalten, der Protagonistin meines letzten Romans eine heftige Medikation anzudichten. Sie schlafwandelt und weiß nicht, wieso. Letztendlich findet sie heraus, dass ihr starke Schlafmittel und andere Psychopharmaka verabreicht wurden.

Dafür recherchierte ich, welche Tabletten zu somnambulem Verhalten führen können. Ich musste nicht lange suchen: Zolpidem, in den USA bekannt unter dem Namen *Ambien*, ist auch in Europa das am häufigsten verschriebene Schlafmittel. Im Beipackzettel steht: »Es liegen einige Berichte von Patienten vor, die sich beim Aufwachen nach der Einnahme des Schlafmedikamentes nicht mehr an Ereignisse erinnern, die sie während des Schlafes unternommen hatten. Dazu gehören Schlafwandeln, Autofahren im Schlaf, Zubereiten und Verzehren von Mahlzeiten, Telefonieren oder Geschlechtsverkehr.«[82]

In Online-Foren kann man Geschichten von Menschen finden, die Erfahrungen mit diesen Nebenwirkungen gemacht haben. Sie reichen von lustig bis dramatisch[83]: Manche berichten von ganzen Mahlzeiten, die sie sich im Schlaf zubereitet haben, andere von langen Ausflügen im Auto, wieder andere sprechen von Halluzinationen oder finden am nächsten Tag ausführliche SMS-Konversationen auf ihrem Handy. Eine Person filmt sich im Schlaf selbst bei einem merkwürdigen Tanz und postet, wie sie am nächsten Tag feststellt, das Video auf Facebook. Eine andere Person erzählt von einem verrückten Traum: Sie will Zigaretten kaufen, steigt ins Auto und fährt zur nächsten Tankstelle, etwa 10 Minuten entfernt. Die Tankstelle ist zu, es schneit, die Person stößt gegen die Bordsteinkante, der Reifen platzt. Weil sie nicht weiß, wie man einen Reifen wechselt, ruft sie den ADAC. An diesen Teil des Traums erinnert sie sich nur noch vage, aber der ADAC kommt und sie fährt nachhause. Am nächsten Tag sieht sie ihr Auto in der Einfahrt: Es hat einen Ersatzreifen.

Aber nicht alle überstehen die Nacht unversehrt. In einem Aufsehen erregenden Fall wurde der Verdacht laut, dass eine junge Philosophin sich unter dem Einfluss von Zolpidem von der Harbour Bridge in Sydney gestürzt hatte.[84] Natürlich ist es unmöglich, zu bestimmen, wie eigenständig diese Frau handelte. Ihre Familie ist jedenfalls überzeugt davon, dass sie nicht suizidal war und ihr Handeln allein in ihrer Medikation begründet lag.

In einem Forschungsbericht von drei Kliniker*innen zu Zolpidem werden zwei Mordprozesse beschrieben[85], bei denen das Medikament als Verteidigung genutzt wurde. In beiden Fällen waren die Täter*innen vorher nie gewalttätig oder sonst auffällig geworden, in beiden Fällen blieben die Täter*innen lange nach dem Mord mit den Leichen alleine, konnten sich angeblich an nichts erinnern und waren noch Stunden danach verwirrt und desorientiert. Bei beiden konnte kein Motiv bestimmt werden.

Diese Geschichten werfen Fragen der Verantwortung, der Handlungsfähigkeit, vor allem aber der Schuldfähigkeit auf. Neben der »Ambien Defense«, bei der eine verminderte Schuldfähigkeit durch den Einfluss von Schlafmitteln behauptet wird, gibt es die »Sleepwalking Defense«, die besagt, dass man nicht für das verantwortlich gemacht werden kann, was man im Schlaf tut. Sie wird selten eingesetzt und ist noch seltener erfolgreich. In einem der frühesten bekannten Fälle, in denen die »Sleepwalking Defense« Erfolge zeitigte, ging es um Albert Tirell, der dringend verdächtigt wurde, im Oktober 1846 die Prostituierte Maria Bickford in einem Bordell ermordet zu haben. Sie wurde mit einer durchgeschnittenen Kehle aufgefunden, das Bett stand in Flammen, der Raum war voller Rauch. Zeugen hatten Tirell am selben Abend im Bordell gesehen. Selbst ein Motiv hatte Tirell: Er hatte seine Frau für Bickford verlassen und war unglücklich darüber, dass sie weiterhin ihrer Arbeit nachgehen wollte. Trotz dieser sehr deutlichen Beweislast konnte Tirells Anwalt die Jury davon überzeugen, dass Tirell das Opfer im Schlaf ermordet hatte und somit nicht schuldfähig war. Es klingt absurd, aber der Impuls, Männer für Gewaltverbrechen an Frauen mit allen Mitteln entlasten zu wollen, sollte uns bekannt vorkommen. Die wenigen anderen Fälle, in denen die »Sleepwalking Defense« eingesetzt wurde, sind nicht überzeugender.

Auch bei den Zolpidem-Morden bleiben mir mehr Fragen als Antworten. Wenn die Täter*innen nicht wussten, was sie taten, wer war dann verantwortlich für ihren Zustand? Die Ärzte und Ärztinnen, die das Medikament verschrieben hatten? Die Gesundheitsbehörde? Die Pharmaindustrie? Und selbst wenn die Morde ohne Motiv begangen wurden, drücken sich im Schlaf nicht unterbewusste Wünsche aus?

Der Schlaf bedeutet für uns alle einen Kontrollverlust. Die Angst davor ist so universell, dass sie überall auftaucht: In der Literatur, in der Kunst und im großen Sammelbecken des kollektiven Unterbewusstseins, der Popkultur. Der Zombie ist die vielleicht direkteste Repräsentation des Zwischenreichs, in dem sich ein Schlafwandler befindet. Ein Zombie handelt nicht eigenständig; wie viel freier Wille hinter seinen Handlungen steht, bleibt unklar, denn er wirkt wie von einer fremden Macht gesteuert. Lange Schlaflosigkeit lässt den Menschen ebenso zombiehaft erscheinen wie das Schlafwandeln.

Auf Netflix sehe ich einen Science-Fiction-Film, der *Awake* heißt und davon handelt, dass niemand mehr schlafen kann.

Die Menschen in dem Film fangen an zu halluzinieren, sie werden unberechenbar, sie fallen übereinander her. Wie in jedem Zombiefilm sind es die anderen, die zur Gefahr werden – da diese aber ohne Willenskraft und wie ferngesteuert handeln, trägt am Ende niemand die Schuld.

In Johann Heinrich Füsslis Gemälde *Der Nachtmahr* liegt eine Frau auf einem Bett, ihr Oberkörper fällt von der Liege hintüber, ihre Arme sinken über ihrem Kopf zu Boden. Sie schläft. Ihre Position ist die einer Person, die komplett ausgeliefert ist, ihre Bewusstlosigkeit ist spürbar. Der Körper der Frau ist monochrom und weiß, Nachthemd, Arme und Kopf bilden den hellsten Teil des Gemäldes. Auf ihrer Brust hockt ein dunkles, dämonisches Wesen mit spitzen Ohren und blickt mit einem grausamen Grinsen auf die Frau herab. Hinter dem Wesen glotzt ein von Dunst umgebenes Pferd mit leeren Augen durch einen halb geöffneten Vorhang hindurch.

Der Nachtmahr stellt den Albtraum dar, der die Frau im Schlaf quält – ein uraltes und weit verbreitetes Fabelwesen, das auf der Brust der Schlafenden sitzt und schlimme Träume produziert. Aber es braucht nicht viel Fantasie, um in dem Fabelwesen des Nachtalbs eine Darstellung sexualisierter Gewalt zu sehen. Der Kontrollverlust des Schlafs ist in diesem Fall ein Verlust über die Handlungen anderer, und bewusstlos zu sein, bedeutet für Frauen traditionell eine größere Gefahr als für Männer. Eine frühe Version des Märchens von Dornröschen ist eine italienische Geschichte aus dem 17. Jahrhundert, in der die schlafende Prinzessin von einem vorbeireisenden König vergewaltigt und geschwängert wird.[86] In *Sonne, Mond und Thalia* besteht das Happy End darin, dass er wiederkommt und sie heiratet. Aber selbst den Kuss in der Disneyversion kann man beim besten Willen nicht als einvernehmlich bezeichnen.

Füsslis Gemälde ist ein Beispiel der »Schwarzen Romantik«, die in England am Ende des 18. Jahrhunderts in die Schauerliteratur mündete und die Gattung des »Gothic Novel« hervorbrachte. In Schauerromanen wimmelt es von Schlaflosen, Schlafwandlern, Besessenen, Wehrlosen und anderen Bewohnern des Zwischenreichs. Ich finde dieses Genre so interessant, dass ich selbst versucht habe, einen Schauerroman zu schreiben – inklusive schlafwandelnder Heldin. Ann Radcliffe, eine der berühmtesten Vertreterinnen des Genres, ist bekannt dafür, in ihren Romanen scheinbar übernatürliche Geschehnisse zu beschreiben, die sich dann am Ende aber als wissenschaftlich erklärbar erweisen. Oft stellen sich diese unheimlichen Begegnungen mit monströsen Wesen als alltägliche Ungeheuerlichkeiten eines Lebens im Patriarchat heraus. Daran angelehnt erkennt meine Heldin, dass ihr Somnambulismus keine übernatürliche Ursache hat, sondern von Medikamenten verursacht wird.

Aber die feministische Warte ist nicht die einzige, aus der die Zwischenreiche des Schlafs mich interessieren. Es sind die übergeordneten Fragen nach Verantwortung und Rücksichtslosigkeit, Kontrolle und Freiheit, Solidarität und Schuld, die in einer Welt der pervertierten Freiheitsbegriffe und ideologischen Vereinzelung besonders relevant werden.

Und auch das Schreiben ist eine Tätigkeit, die mich immer wieder auf die Frage der *Agency* zurückwirft. Das Unbewusste am Werk in der Literatur, als Eingebung, Inspiration, »göttlicher Anhauch«, das ist eine sehr alte Vorstellung der Kunstphilosophie. Ein zeitgenössischer Zwilling dieser Idee, der jedoch zu völlig anderen Schlüssen kommt, ist die unter Kritiker*innen scheinbar weit verbreitete Annahme, ein Text könne einem*einer Autor*in einfach *passieren*. Oft lese ich Texte über Literatur, die so klingen, als unterstellten sie der schreibenden Person nicht einmal ein Minimum an künstlerischer Absicht – Autor*innen werden zu schlafwandelnden Mörder*innen. Dieses Genre der Literaturkritik gibt es aber erst, seitdem vermehrt Personen die literarische Öffentlichkeit bevölkern, die vom Idealtypus des männlichen, weißen Genies abweichen. Im Gegensatz zur göttlichen Eingebung, wo jedes Wort dort landet, wo es hingehört, sind einem*einer literarisch schlafwandelnden Autor*in alle formalen Entscheidungen lediglich unterlaufen.

Ottessa Moshfegh gab 2016 ein Interview im *Guardian*[87], das damals großen Eindruck bei mir hinterließ. Sie sagte, sie wollte nicht »30 Jahre warten, um entdeckt zu werden [...] Also entschied ich, etwas Kühnes zu tun. All diese Vollidioten verdienen Millionen, warum also ich nicht? Ich bin klug und talentiert und motiviert und [...] talentiert; habe ich das schon gesagt?« Über ihr Buch *Eileen* sagte sie, sie habe es nach einem Ratgeber geschrieben, *The 90-Day Novel*. »Ich bin dem 60 Tage lang gefolgt – es war so *langweilig*. Aber dann wurde es so ein Oulipo-Ding, wo man mit den Einschränkungen kämpft, und ich fand es tatsächlich interessant, mich an die Regeln zu halten. Es fing also als ›fuck you‹ an, als Witz, aber dann war es auch: Ich bin pleite, ich will berühmt werden. So eine Geste war das.«

Das Interview ging mir nicht aus dem Kopf, ich bewunderte die Unverschämtheit, die darin steckte, dass eine Autorin auf ihre künstlerische Handlungsfähigkeit bestand: Die konventionelle Form des Buches war ihr nicht *unterlaufen*, sie war ein provokativer Trick, der mehrere Ebenen ästhetischer Reflektion beinhaltete. Ohne diese Aussagen der Autorin, die unverständlich viel Empörung hervorriefen, wäre das Buch wahrscheinlich – natürlich völlig zu Unrecht – als konventioneller Thriller mit »weiblicher Protagonistin« verbucht worden. Stattdessen wurde *Eileen* als subversives Meisterwerk gefeiert und Moshfegh zu einer Persona, deren düstere Aura man als Zeichen ihres Genies verbuchte.

Aber das Interview ließ mich auch mit leichter Verzweiflung zurück. War diese Art von breitbeinigem Auftritt, der zielstrebige Wille, den Geniemythos für sich zu reklamieren, die einzige Möglichkeit, dem Vorurteil des künstlerischen Schlafwandelns zu entgehen? Muss man sich eine überholte Männlichkeitsrolle überstülpen, um ernst genommen zu werden?

Moshfeghs Roman *Mein Jahr der Ruhe und Entspannung* ist

eine Dornröschengeschichte: Die Protagonistin beschließt, ein Jahr lang zu schlafen. Sie erhofft sich davon eine Katharsis, eine Wiederauferstehung. Nur im Schlaf, meint sie, kann sie ihrer Gefühlswelt lang genug entkommen. Zu diesem Zweck nimmt sie eine schwer fassbare Menge an verschreibungspflichtigen Tabletten, die sie oft mit Kaffee, manchmal auch mit Alkohol herunterspült. Moshfeghs Heldin wird nicht von außen zum Objekt gemacht, sie macht sich selbst dazu: Sie hat oft tagelange Aussetzer in ihrer Erinnerung, nach dem Aufwachen findet sie Fotos von sich beim Ausgehen, einmal wacht sie in der U-Bahn auf. Schließlich trifft sie eine Vereinbarung mit einem Künstler: Er darf sie wortwörtlich zum Objekt machen, indem er sie für seine Kunst abbildet, während sie schläft, wenn er sie im Gegenzug mit Essen und Trinken versorgt. Sie ist ihm vollkommen ausgeliefert, aber sie hat keinerlei Angst dabei. Man kann das als Emanzipation sehen. Aber für mich warf das Buch ähnliche Fragen auf wie das Interview: Ist das symmetrische Umdrehen der Rollen nicht sinnlos, wenn sich an den Strukturen nichts ändert? Trägt die selbstzerstörerische Ader der Protagonistin wirklich zu ihrer Ermächtigung bei? Nur weil sie sich selbst zum Objekt gemacht hat, wird sie dadurch ja nicht weniger objekthaft. Auf der anderen Seite geht es ihr erklärtermaßen überhaupt nicht um Ermächtigung. Sie sagt: »Mein Winterschlaf war selbsterhaltend.« Sie will lediglich überleben.

Der Winterschlaf ist insofern vielleicht nicht die beste Metapher für die erwünschte Katharsis: Bei den Murmeltieren beispielsweise überleben viele Jungtiere das Aufwachen überhaupt nicht. Schlaf ist hier auch ein irreführender Begriff, die Zwischenwelt, in der sich die Tiere befinden, heißt *Torpor* – ein Zustand, in dem alle Funktionen des Körpers so weit heruntergefahren werden, dass sie kaum noch Energie verbrauchen.[88] Dieser Zustand ist extrem anstrengend, denn viele Tiere wachen zwischendurch auf und wärmen sich auf. Die steigenden Temperaturen des Klimawandels führen dazu, dass immer mehr Spezies in diesem Prozess länger »wach« bleiben[89]. Wenn die Hibernation vorbei ist, leiden die Tiere unter Schlafmangel, sie haben kaum noch Energiereserven. Für das Aufwachen an sich braucht das Murmeltier aber auch Energie – die Durchblutung muss angekurbelt werden, das Herz schlägt wieder schneller –, und wenn die Reserven gerade nicht dafür ausreichen, stirbt das Tier. Der Winterschlaf, um den ich die Tierwelt schon oft vage beneidet habe, ist also keine entspannte Angelegenheit, sondern ein weiteres Beispiel dafür, wie unangenehm, ja geradezu gefährlich die Zwischenstadien sein können.

Auch das menschliche Einschlafen kann ein Zwischenstadium hervorrufen: Die Hypnagogie. Dieses teure Wort beschreibt verschiedene Formen der Halluzination, die Menschen in der Übergangsphase vom Wachen zum Schlafen erleben. Am weitesten verbreitet sind wahrscheinlich die Lichtflecken, die vor dem inneren Auge tanzen und in die Augenwinkel davonhuschen. Ich finde, sie fühlen sich eigentlich nicht an wie eine Halluzination. Die Tagesreste, deren Formen sich bei genügend Wiederholung wie ein Abdruck in meinen Körper einprägen – die Vorwärtsbewegung des Autofahrens, das Dröhnen eines Flugzeugs –, sind nicht äußerlich genug, um als Halluzination durchzugehen, sie kommen aus mir selbst. In der Neurophysiologie hat dieses Phänomen den lustigen Namen »Tetris Effect«. Viele Künstler*innen und Schriftsteller*innen berichten, dass der hypnagogische Zustand für sie besonders inspirierend ist.

Edgar Allen Poe, der Meister des Horrors, schreibt über »Fantasmen«, die er »genau am Rand des Schlafs« hat, »mit dem Bewusstsein, dass ich dort bin«. Poe ist begeistert: Er sieht in den Visionen, die er hat, »flüchtige Einblicke in die Außenwelt des Geistes.«[90] Er hat ganz offensichtlich weniger Angst vor der Zwischenwelt. Für mich hingegen beginnt dort oft die Schlaflosigkeit: Im Bewusstsein um einen Zustand, der nicht mehr im vollen Bewusstsein ist. Ich fange an, die Hypnagogie zu beobachten und reiße mich so zurück in die Welt des Denkens, des Wachseins.

Noch beängstigender ist aber eigentlich ein anderer Zwischenzustand: der Albtraum. Meine Filmprofessorin hat gerne gesagt: »Eine Traumszene erkennt man immer. Schon eine Zehnjährige erkennt am Schnitt, an der Musik, am Ton, ob es sich bei einer Filmszene um einen Traum handelt.« Es ging ihr dabei um Erzählkonventionen, um die Medienkompetenz des Publikums, nicht um Träume selbst. Trotzdem dachte ich jedes Mal darüber nach, dass meine Albträume immer realistischer waren als andere Träume. Ich war weit davon entfernt, luzide zu träumen oder Traumszenen zu erkennen. Stattdessen überzeugten mich meine schlimmsten Träume von ihrer Realität. Sie schienen nicht aus meinem Inneren zu kommen, sondern von außen: Sie waren logisch, zusammenhängend, kohärent. Nur an kleinen Fehlern, Störungen, Löchern im erzählerischen Material erkannte ich, dass etwas nicht stimmte. Sie waren unheimlich in Freuds Sinne, aber hatten nichts mit dem Surrealismus zu tun. Und so waren auch sie nicht eigentlich der Welt des Schlafs zuzurechnen, selbst wenn sie nur auftraten, während ich schlief. Sie gehörten in die Welt der Wachen, sie waren nicht mehr als Teil von mir zu erkennen. Und genau das machte sie so beängstigend.

Vielleicht vermeide ich mit meiner Schlaflosigkeit den Besuch der Zwischenreiche, vielleicht ist es die Angst davor, dort gefangen zu sein, die mich nicht schlafen lässt. Über die Schlafbegabten, die Menschen, die immer und überall schlafen können, schreibt Marie Darrieussecq: »Sie legen ihren Kopf auf das Kissen und schon gleiten sie, rasen die Piste herunter. Die Welle bricht, der Himmel öffnet sich. Ozeanischer Schlaf. Ihre Arme werden allein von Atomen gestützt. Mit einer verrückten Leichtigkeit, einem erstaunlichen Wissen der Abgründe fallen sie niemals. Aber wir Schlaflosen stürzen in entsetzliche

Schluchten und unsere Augenringe färben sich wie Hämatome.«[91] Es überrascht mich nicht, dass sie über Abgründe spricht, über Schluchten und das Fallen. Wenn ich im Bett liege, stehe auch ich am Rand eines schwindelerregenden Abgrunds, bin kurz vor dem Fall, den der Schlaf notwendig macht. Manchmal fange ich mich; von außen sieht das aus wie ein Zucken, dabei zieht mein Körper die Reißleine. Es ist ein letztes Mittel, um die Kontrolle zu behalten, um nicht in die Handlungsunfähigkeit des Traumreichs zu sinken, rutschen, stürzen. Ich bin damit nicht allein: Einschlafzuckungen sind weit verbreitet, gesundheitlich unbedenklich, wissenschaftlich weitgehend ungeklärt. Aber ich finde, der Begriff wird der Erfahrung nicht gerecht. Der Schreck über den Fall ist profund, und er weist darauf hin, wie tief der Unwille schürft, die Handlung nicht selbst zu bestimmen.

Ich habe schon lange nicht mehr geträumt. Nein, das stimmt nicht. Ich habe mich schon lange nicht mehr an einen Traum erinnert. Meine Albträume müssen ohne mich auskommen. Stattdessen gehe ich, Nacht für Nacht, durch den Tunnel meiner Schlaflosigkeit.

TRAUMSCHLAF

EEG-Aufzeichnung: Betawellen – ähnlich der Hirnströme im Wachzustand.

REM wird mit dem Träumen assoziiert und wird nicht als erholsame Schlafphase angesehen. *Während das EEG dem einer wachen Person ähnelt, sind die Skelettmuskeln ohne Tonus und Bewegung, außer die Augen und die Zwerchfellmuskeln, die aktiv bleiben. Die Atemfrequenz wird allerdings erratisch und irregulär. Diese Phase fängt normalerweise 90 Minuten nach dem Einschlafen an, mit jedem REM-Zyklus im Laufe der Nacht wird sie länger. Die erste Phase dauert normalerweise 10 Minuten, die letzte ungefähr eine Stunde. REM ist die Schlafphase, in der es zu Träumen, Albträumen und nächtlicher Erektion/vaginaler Erregung kommt.*

STALLGERUCH

Sorgfältig wischte Jo mit der hauchdünnen, plastikbeschichteten Serviette der Eisdiele an dem dunklen Fleck auf ihrem Knie herum, aber die zarten Blätter erwiesen sich als das Gegenteil von dem, was in der Werbung als »saugfähig« bezeichnet wird. Vera, die Jo die Serviette gebracht hatte, stand vor ihr und schaute grinsend zwischen dem braunen Klumpen auf dem Boden und Jos weißem Rock hin und her. Jo fragte sich, ob sich Vera über ihre Verzweiflung amüsierte, oder einfach nur belustigt vor sich hin schaute – das machte sie manchmal. Sie spürte eine leise Frustration über die Unflätigkeit ihrer besten Freundin, die in schallendes Gelächter ausbrechen konnte, wenn sie jemanden als dramatisch empfand.

Noch während sie darüber nachdachte, schlug ihr ein Schwall Parfüm ins Gesicht, traf sie mit der Wucht eines Faustschlags, mit der Intensität eines kalten Gusses. Instinktiv versuchte sie, sich dem Geruch zu entziehen, stand auf, tat ein paar Schritte nach hinten, stolperte fast. Ohne es zu merken, zerknüllte sie die Serviette in ihrer geballten Faust. Dann versuchte sie, die Quelle des olfaktorischen Angriffs zu lokalisieren. Systematisch richtete sie ihren Blick erst auf zwei aufgedrehte Kinder und den dazugehörigen Vater, dann auf die Leute, die plaudernd ganz hinten in der Schlange standen, und schließlich auf einen Jugendlichen, der hinter ihr an der Eisdiele vorbeilief, einen Fußball vor sich hertreibend.

»Was ist denn los?«, fragte Vera, und ihr Blick war nicht mehr amüsiert, sondern verwundert. »Riechst du das nicht?« Jo schrie fast.

Vera hob ihren Kopf ein wenig und atmete stoßartig ein. Dann schüttelte sie den Kopf. Sie sah Jo besorgt an und kaute auf dem durchsichtigen Plastiklöffel herum. »Sollen wir nachhause?«

Auf dem Weg durch den Graefekiez zu der Wohnung, in der sie seit drei Jahren mit Vera lebte, fühlte Jo sich unwohl. Es war erst Juli, aber die Hitze war spätsommerlich, drückend und feucht. Über ihnen hatten sich dunkle Wolken aufgebaut, die auch heute Abend nicht niederschlagen, sondern düster und raumgreifend über der Stadt hängen bleiben würden. Sie hatte das Gefühl, an ihrem verschwitzten Nacken klebte ein Blick. In der Ferne donnerte es.

Vera schloss die Tür auf, warf den Schlüssel auf den kleinen Tisch, stieg aus ihren Sandalen, die mitten im Flur liegen blieben, und ging in die Küche. Sie hatte angekündigt, kochen zu wollen, was bei Jo leises Grauen auslöste. Einmal hatte sie gesehen, wie Vera einen schweren, gusseisernen Topf abgespült und dann mit lässiger Geste auf die Küchenplatte geworfen hatte – nicht gelegt oder gestellt, nein: geworfen. Immer, wenn sie anderen ihre Freundin beschrieb, dachte sie an diese Geste, die Vera in ihrer ganzen Impulsivität und Sorglosigkeit zeigte.

Während Vera anfing, mit einem viel zu großen Messer Knoblauch zu hacken, machte Jo das Fenster auf, lehnte sich heraus und schaute in den grauen Himmel. Sie wollte Vera gerade bitten, Musik anzumachen, da stieg ihr wieder dieser Geruch in die Nase. »Da ist er wieder«, rief sie. »Komm schnell!« Unerträglich langsam durchquerte Vera die Küche, das riesige Messer schwenkend.

»Jetzt riechst du es aber, oder?«, fragte Jo, der scharfe Duft stach ihr in der Nase, er war süß und beißend zugleich. Sie sah

Vera an, dass diese etwas sagen wollte, sich aber dagegen entschied. Stattdessen atmete sie noch einmal tief ein.

»Hm. Nee«, sagte Vera.

Jo schaute in den Hof. Irgendwo musste ein Fenster auf sein, aus dem der Duft nach oben stieg. Wahrscheinlich hatte Vera einfach keine besonders gute Nase, dachte Jo. Seit Jahren rauchte Vera zwei Schachteln Zigaretten am Tag, der volle Aschenbecher stand neben Jo auf der Fensterbank, das Blech war übersäht mit feinen, grauen Flocken. Manchmal sehnte sie sich nach einer Mitbewohnerin, die ihr ähnlicher war. Jo verfügte über eine strukturierte Grundspannung, eine vorausschauende Wachheit, wie sie nur Menschen besaßen, die an die grundsätzliche Sinnhaftigkeit ihrer eigenen Handlungen glaubten. Sie hatte in ihrem Leben einige wenige Menschen kennengelernt, die mit ähnlicher Bedacht Pläne machten, und mit diesen Leuten, so stellte sie es sich vor, könnte sie in einträchtiger Effizienz zusammenwohnen. Aber sie wusste auch, dass sie sich fürchterlich langweilen würde, sollte Vera irgendwann einmal ausziehen.

Seit Vera sich in der dritten Klasse neben sie gesetzt hatte, war sie es gewesen, die Jos Leben ein wenig Weltläufigkeit geschenkt hatte. Erst in Form von Einladungen zu Kindergeburtstagen, dann durch gefälschte Schülerausweise und geklauten Apfelschnaps und schließlich durch einen ausgeprägten Instinkt dafür, welche Bars und Partys man zu besuchen hatte. Ohne sie wäre Jo jetzt wahrscheinlich nicht hier. Auch heute noch war es Vera, die Jo ab und zu davon überzeugen konnte, die Wohnung abends zu verlassen. Sie diagnostizierte Jo Genussfeindlichkeit, ein Vorwurf, den diese nicht ganz von sich weisen konnte – ihr war es meistens egal, wie bequem das Bett, wie gut der Wein, wie aufregend die Abendveranstaltung war. Nur das Essen war ihr wichtig, und Vera war, wenn es nicht komplett schiefging, eine sehr gute Köchin. Heute war alles gut gegangen, es gab Farfalle mit Zucchini und Tomaten, und Jo merkte erst in diesem Moment, wie hungrig sie gewesen war. Sie aßen schweigend. Jo entging es nicht, dass Vera sie unauffällig beobachtete.

Nach dem Essen wollte Vera noch etwas trinken gehen, zwei ihrer unzähligen Freundinnen warteten in einer Bar um die Ecke. »Geh schon mal vor, ich räume auf«, sagte Jo und genoss die Ruhe, die sich sofort ausbreitete, als die Tür ins Schloss fiel. Das heiße Wasser lief ihr über die Finger, gedankenverloren schrubbte sie einen großen Topf. Sie hatte immer schon eine gute Nase gehabt. Als Kleinkind war sie extrem geschmäcklerisch gewesen, und als Jugendliche war ihr die Riechbegabung endgültig zum Nachteil geworden, sie hielt es kaum aus zwischen ihren Altersgenossen, die von Wolken aus Zigarettenrauch, Vanille-Deo und Schweiß umgeben waren. Vor ein paar Jahren war ihr Lieblingsparfüm eingestellt worden, und sie hatte Monate damit verbracht, ein Neues zu finden. Sie hatte sich in den Welten der Parfümliebhaber verloren, auf Webseiten, auf denen Menschen Düfte als »hypnotisches Gift ohne Vanille, Mischung aus Pritt-Klebestift, Bananenschale und Veilchen« beschrieben. Jo liebte diese Prosa, obwohl sie die meisten Parfüms scheußlich fand. Nach langem Suchen hatte sie endlich einen erdigen, unaufgeregten Geruch gefunden, der zu ihr passte. Wahrscheinlich hasste sie die meisten Parfüms, eben *weil* sie so eine gute Nase hatte. Aber das Parfüm, das sie heute schon zweimal gerochen hatte, war schlimmer als alles, was ihr je untergekommen war.

Als in der Küche alles ordentlich und sauber an seinem Platz stand, nahm Jo ihren Mantel und ging durch die feuchtwarme Nacht zu Vera und ihren Freundinnen in die Bar, deren Holztische auf der Straße unter zwei Linden standen. Sie versuchte, die anderen zu begrüßen, aber die brachen immer wieder in erneutes Gelächter aus, über einen Witz oder eine Geschichte, die Vera erzählt hatte. Jo bestellte ein Glas Weißwein und starrte in die flackernde Flamme der Kerze auf dem Tisch. Sie kam sich vor wie eine Spielverderberin. Als sich die anderen endlich beruhigt hatten, entspann sich eine harmlose, vertraute Unterhaltung über Urlaube, Arbeitskolleginnen, Partys.

Irgendwann, nach zwei Gläsern Wein, hielt sie es nicht mehr aus. »Sagt mal, ich riech in letzter Zeit überall dieses komische Parfüm, so ein ganz scharfes, aufdringliches. Ist euch das auch schon aufgefallen?«

Vera verdrehte die Augen. »Du hast gar kein anderes Thema mehr, oder?«

Veras Freundinnen schüttelten nur geistesabwesend die

Köpfe. Eine sagte: »Vielleicht hast du Corona?« Die andere fing an, eine Geschichte aus den Siebzigern zu erzählen. Ein Wissenschaftler hatte Fernsehzuschauern eine Maschine gezeigt, die angeblich Gerüche senden konnte, einen »angenehmen, ländlichen Geruch, kein Dünger«, so beschrieb er es. Die Zuschauer sollten anrufen, um zu berichten, was sie gerochen hatten. Mehr als hundertfünfzig Anrufer meldeten den Geruch von Heu, Gras, aber auch Blumen, Lavendel, Apfel, Kartoffeln und selbstgebackenem Brot in ihren Wohnzimmern. Zwei Leute beschwerten sich über Heuschnupfen.

»Am besten war der Name: *Smell-O-Vision*«, sagte Veras Freundin. Vera nickte heftig, sie hatte sich wohl auch mit dem Thema beschäftigt.

»In Bangkok gibt es ein Kino, wo die Sitze vibrieren, wenn auf dem Bildschirm jemand Auto fährt. Und Gerüche gibt es auch. Aber irgendwie riecht am Ende immer alles nach Lavendel.« Der Kellner stellte ein Glas Weißwein vor Jo auf den Tisch. Und plötzlich war es wieder da.

Sie fühlte sich wie erschlagen von der Intensität des Dufts. »Da! Da ist es! Riecht ihr das nicht?« Veras Freundinnen schnüffelten pflichtbewusst, nur Vera sah sie kopfschüttelnd an.

»Klares Nein«, sagte eine von beiden, die andere nickte.

Jo überlegte, ob sie Corona haben könnte. Sie hatte mit einigem Horror die Berichte verfolgt, die ab und zu in der Zeitung standen: von Menschen, die ihren Geruchssinn komplett verloren hatten, bis hin zu Restaurantkritikerinnen, die nach überstandener Krankheit Riechtraining machen mussten. Am schlimmsten waren die Geschichten von Patientinnen, deren Gehirn ihnen Gerüche vortäuschte. Eine Frau berichtete, dass alles nach verbranntem Gummi stank, eine andere roch überall Kuhscheiße, für eine dritte rochen Menschen und Gegenstände gleichermaßen nach verfaultem Ei. Jo beschloss, sofort nachhause zu gehen und einen Test zu machen. Sie wusste, sie konnte den wirklichen Grund nicht nennen, sonst würde sie endgültig so wirken, als wäre sie nicht mehr bei Trost. Sie legte einen Zehn-Euro-Schein auf den Tisch und versuchte, möglichst unauffällig aufzustehen. Natürlich funktionierte das nicht, die anderen legten die gespielte Empörung an den Tag, die ein Aufbruch am späten Abend, bei Menschen in Feierlaune hervorruft. Nur Veras misstrauischen Blick spürte Jo schwer auf sich. Sie murmelte etwas von Kopfweh, winkte in die Runde und ging mit schnellen Schritten nachhause.

Jo schaute die gesamten 15 Minuten, die es dauerte, bis der Test sein endgültiges Ergebnis offenbarte, auf das kleine, weiße Rechteck. Als kein zweiter Strich erschien und auch unter dem grellen Licht im Klo nichts zu erkennen war, machte sie noch einen. Nach dem vierten Test waren anderthalb Stunden vergangen, und Jo war erschöpft. Mit Vera war vor der Dämmerung nicht zu rechnen, das wusste sie, also packte sie den Haufen Plastikmüll, der sich auf der Waschmaschine aufgetürmt hatte, sorgfältig in den Abfall, putzte sich die Zähne und löschte alle Lichter in der Wohnung. Dann legte sie sich ins

Bett und starrte im Dunkeln an die Decke. Sie fragte sich, ob der Geruch sie in den Schlaf begleiten würde. Eine irrationale Angst ergriff sie.

Trotzdem schloss sie die Augen und verharrte ganz still, aber hinter ihren Lidern war eine Helligkeit, die in ihren ganzen Körper ausstrahlte. Es fing an, in ihren Beinen zu prickeln, und über ihre Haut zogen Armeen von brennenden, juckenden Nadelstichen, die durch kein Kratzen zu befrieden waren. Jo versuchte, sich den Blick auf die Uhr zu verbieten. Jedes Mal, wenn sie es nicht mehr aushielt, war ungefähr eine Stunde vergangen. Um vier Uhr morgens hörte sie Vera nachhause kommen. Sie überlegte, aufzustehen und mit ihr zu sprechen, aber ihr Körper lag bleiern in den Kissen, sie konnte sich nicht bewegen.

Sie wusste nicht, wie viel Zeit vergangen war. Ihre Augen brannten, ihr Mund war trocken. Sie lauschte in die Wohnung, dann stand sie auf, schlich leise an Veras Schuhen im Gang vorbei in die Küche und machte sich einen Kaffee. Mit der Tasse in der einen und dem Laptop in der anderen Hand setzte sie sich wieder in ihr Bett und versuchte herauszufinden, ob man von Gerüchen träumen konnte. Sie las: »Studien über olfaktorische Wahrnehmung haben gezeigt, dass es sich positiv auf den Wiedererkennungseffekt auswirkt, wenn ein Geruch bekannt ist oder benannt werden kann. Das würde erklären, warum so viele olfaktorische Träumer in der Parfümbranche arbeiten. Sie sind aufmerksamer, was Gerüche angeht, und besser darin, sie in Worten zu beschreiben.« Je mehr sie also über den Duft nachdachte, desto wahrscheinlicher war es, dass sie ihn auch im Schlaf nicht loswurde. Eigentlich hatte sie geplant, ihr altes Profil auf *Fragrantica.com* wiederzubeleben und die Parfümnerds in dem Forum zu ihrem Problem zu befragen. Jetzt zögerte sie. Aber was sollte sie sonst tun? Sie spürte, dass sie den Duft benennen musste.

Das war nicht so einfach: Sie konnte den Duft ja nicht googeln oder in einem Flakon einfangen. Wenn sie es nur schaffte, ihn genau genug zu beschreiben, dann wären die Parfümkenner hoffentlich in der Lage, ihn zu identifizieren. Dann hätte sie etwas Handfestes, einen Namen, ein Produkt, vielleicht sogar eine Erklärung für das Phänomen.

»HILFE!«, tippte sie, »Rieche dieses Parfüm überall (vor allem in der Öffentlichkeit, in Cafés, auf der Straße und so weiter), weiß jemand, was das ist? Kopfnote: Reinigungsalkohol, Ozon, Aldehyde. Bei der Herznote rieche ich Leder, klebrige Blumen, Tabak, nach hinten raus cremige Süße, Nelke, Kardamom.« Jo überlegte kurz, dann schob sie hinterher: »Hatte nie die Gelegenheit, den Drydown zu riechen, aber Sillage ist auf jeden Fall STARK.« Nachdem sie Enter gedrückt hatte, starrte sie den Bildschirm an und wartete, bis sie begriff, dass das Forum nicht belebt genug war, um sofort eine Antwort zu produzieren.

Das Wochenende erstreckte sich endlos vor ihr. Am liebsten wollte sie sich im Bett verstecken, wo es gut roch, nach ihrem vertrauten, neutralen Waschmittel. Aber sie hatte Dinge zu erledigen. Also nahm sie das Päckchen, das zur Post musste, unter den Arm, zog ihren Badeanzug unter das weiße T-Shirt, das schon bereitlag, und machte sich auf den Weg. Den ganzen Tag über war sie in Alarmstellung, aber weder auf der Post noch in dem eiskalt klimatisierten Klamottenladen, in dem sie zwei Hemden kaufte, noch im Freibad auf der überfüllten Wiese roch sie den Duft.

Allmählich beruhigten sich ihre aufgerauten Sinne. Auf einmal kam sie sich albern vor. Wovor hatte sie eigentlich Angst gehabt? Vor einem Parfüm? Das war doch lächerlich. Sie dachte an Vera. Vielleicht war das Ganze ein Streich gewesen, den Vera ihr gespielt hatte? Das würde zu ihr passen. Vera erzählte gerne kleine Lügengeschichten, für sie war das ein Spiel, ein Austesten ihrer Grenzen. Natürlich: Je mehr sie darüber nachdachte, desto klarer wurde ihr, dass das die Lösung sein musste. Bestimmt hatte sie ihre Freundinnen gestern eingeweiht, bevor Jo dazugestoßen war. Vielleicht hatte sie sogar eine besonders scheußliche Parfümprobe, die sie heimlich verstäubte, wenn Jo in der Nähe war. Jetzt fiel ihr auch auf, dass sie den Duft bisher nur in Veras Nähe gerochen hatte. Sie würde Vera sagen, dass sie sie durchschaut hatte, und dann würden sie gemeinsam darüber lachen.

Als sie am Abend nachhause kam, ließ sie die Einkaufstüte mit den Hemden im Flur stehen und stellte sich unter die Dusche. Vor ihrem inneren Auge spulten sich düstere, verhangene Sommerszenen ab, sie drehte das Wasser auf kalt, fröstelte leicht. Die Badezimmertür ging auf, und Vera spazierte herein und erzählte währenddessen ausufernd von ihrem Tag. Jo drehte das Wasser ab, wickelte sich in ein Handtuch und sagte: »Ich hab dir schon hundertmal gesagt, dass ich das nicht mag, wenn du hier einfach reinplatzt.«

»Ach komm, sei nicht so prüde, hier kann man sich doch am besten unterhalten.«

Jo türmte ein weißes Handtuch auf ihrem Kopf auf und sagte: »Gut, dann reden wir jetzt. Ich weiß genau, dass du das warst, mit dem Parfüm.« Sie lachte unsicher. Veras Gesicht hatte sich verändert, Jo meinte, Sorge und sogar Angst in ihrer Miene zu sehen.

»Wovon redest du? So langsam wird mir das echt unheimlich.«

»Du willst also ernsthaft behaupten, dass du damit nichts zu tun hast?«

»Ich schwöre, ich habe keine Ahnung. Aber ich mach mir langsam Sorgen. Was ist denn daran so schlimm, wenn ein paar Leute dasselbe Parfüm haben?«

Jo fühlte sich auf einmal ganz schwach, so als lägen große Anstrengungen hinter ihr. Sie rutschte an der Badezimmertür herunter, an der sie gestanden hatte, bis sie schließlich auf dem Boden saß.

»Ich weiß es doch auch nicht«, sagte sie und sah Vera mutlos an.

»Komm, wir bestellen jetzt erst mal was zum Essen, und dann versuchst du, das Ganze einfach zu vergessen. Und wenn es nicht besser wird, ruf ich eine Freundin an, die ist Psychologin. Die kennt bestimmt jemanden, der dir helfen kann.«

Jo erkannte durch Veras Fürsorge, dass sie die Situation falsch eingeschätzt hatte. Ganz offensichtlich hatte sie ein Problem. Sie ließ sich von Vera in ihr Zimmer führen, zog sich an und aß die Suppe, die Vera bestellt hatte. Sie hatte ja recht. Es gab überhaupt keinen Grund, sich von einem Duft so verstören zu lassen. Und wenn alles nichts half, musste sie sich eben in psychologische Behandlung begeben. Irgendjemand würde ihr schon helfen.

Als sie ins Bett ging, rechnete sie fest damit, sofort in ein traumloses Schwarz zu sinken. Stattdessen war da wieder die Helligkeit hinter den Lidern, die ihr die Augen aufzwang. Ihr Körper wurde zu einer drückenden Masse, in seinem Gravitationsfeld zerdehnte sich die Zeit. Sie konnte sich kaum bewegen, trotzdem war alles in ihr zum Zerreißen gespannt. Ihr Kiefer tat weh. Sie starrte in die Dunkelheit, die ihr endlos erschien, und bemerkte ein Ausfransen an den Rändern ihres Bewusstseins. Alles kam ihr blass vor und weit weg, ihr Leben, die Menschen darin, sogar ihre Gefühle.

Irgendwann dämmerte hinter Jos hellen Vorhängen der Morgen, Panik stieg in ihr auf. Sie schaffte es, sich so weit aus dem Stupor zu befreien, um auf die Uhr zu sehen. Es war halb sechs. Sie versuchte, sich aufzurichten, aber ihr Körper widersetzte sich. Um sieben stand sie auf.

Sie hatte nichts davon bemerkt, aber es hatte in der Nacht endlich geregnet, und jetzt war die Luft klar, der Himmel ein frisch gestrichenes Blau. Jo war benommen von der Nacht, ihr Körper fühlte sich an wie verformter Kautschuk, und vor ihren Augen tanzten bunte Flecken. Aber immerhin konnte sie wieder atmen, die Luft hatte ihre dumpfe Klebrigkeit verloren.

Sie erinnerte sich an das rote Seidenhemd, das sie gestern für das Sommerfest ihrer Eltern gekauft hatte. Sie holte die Tüte aus dem Flur und probierte es an. Sorgfältig steckte sie den roten Stoff in ihre helle Jeans und schaute prüfend in den Spiegel. Sie erstarrte. Der Duft war wieder da. Um absolut sicherzugehen, tastete sie den ganzen rechten Ärmel mit ihrer Nase ab. Aber kein Zweifel: Das Kleidungsstück war völlig verseucht. Panisch zog sie sich das Hemd über den Kopf, verhedderte sich mit ihrem Handgelenk darin, blieb hängen, riss an dem Stoff, ein Knopf platzte ab, dann, endlich, wurde sie es los und warf es in die Ecke. Mit Tränen in den Augen starrte sie das rote Häufchen an. Sie roch an ihrem Oberarm. Der Duft klebte immer noch an ihr. Sie rannte ins Badezimmer und schrubbte ihren Oberkörper so lange, bis sie sicher war, nichts mehr zu riechen.

Langsam wurde sie ruhiger. Und dann wurde ihr schlagartig klar, was für ein Glücksfall dieses Hemd war. Sie konnte Vera einfach an dem Stoff riechen lassen, um ihr zu beweisen, dass sie sich den Geruch nicht ausgedacht hatte. Sie holte eine Plastiktüte aus der Küche, fasste mit spitzen Fingern das Hemd an und ließ es in die Tüte fallen. Der Duft konnte nicht mehr entweichen.

Um die Zeit zu überbrücken, bis Vera aufwachte, sah Jo in dem Forum nach, ob jemand auf ihre Frage geantwortet hatte. Tatsächlich gab es ein paar Antworten, drei Leute hatten spekulativ Parfümnamen in den Raum geworfen, ein Vierter beschimpfte sie, weil ihm ihre »negative Art« nicht gefiel. Jo notierte sich die drei Namen und nahm sich vor, gleich am Montag ins KaDeWe zu fahren und den Hinweisen nachzugehen.

Endlich hörte sie Vera in der Küche hantieren. Jo zog sich eine Jogginghose an und nahm die Plastiktüte. Wortlos hielt sie Vera das rote Bündel hin.

»Was ist das?«

»Riech einfach.«

»Nicht dein Ernst.«

»Doch, bitte, es ist der Duft.«

Vera sah Jo streng an, griff aber nach der Plastiktüte, packte das Hemd aus, vergrub ihre Nase in dem Seidenstoff und atmete tief ein. Ihr Gesicht nahm wieder diesen fürchterlichen Gesichtsausdruck vom gestrigen Abend an.

»Ich glaube, du musst wirklich zum Arzt.«

»Riechst du echt nichts? Das kann doch gar nicht sein!«

Jo riss Vera das rote Hemd aus der Hand und hielt es sich vors Gesicht, warf es aber sofort auf den Boden, weil das Parfüm so stark war, dass sie husten musste.

»Du lügst doch!«, sagte sie zitternd. Die Ungeheuerlichkeit des Vorwurfs erschütterte sie, aber es war auch eine Erleichterung, ihn auszusprechen. »Aber warum?« Jo fing an zu weinen.

»Jo! Warum sollte ich das denn tun? Ich lüge dich nicht an. Du brauchst Hilfe, und die werden wir dir morgen besorgen.«

Jo spürte, dass sie sich Vera ausgeliefert hatte. Der Vorwurf, der in Wirklichkeit eine Frage in sich trug, gab Vera die Macht, die Realität zu bestimmen. Verzweifelt trat Jo die Flucht an. Sie nahm das Hemd, stopfte es wieder in die Plastiktüte und legte es in ihrem Zimmer auf eine Bank. Dann machte sie sich fertig, packte ihre Sachen zusammen und verließ unter Veras Protesten das Haus.

In der S-Bahn stand noch die schwüle Luft der letzten Tage. Jo spürte einen Schweißtropfen, der an ihrem Brustbein herunterlief. Sie schaute aus dem Fenster. Die Station zwischen S-Bahnhof Grunewald und Nikolassee erstreckte sich ewig, sie kam Jo vor wie ein Aufzug, der von einer Welt in eine andere aufstieg. Die Metamorphose der Stadtlandschaft zu Wald und Wiese vollzog sich stetig. Jo war in Gedanken immer noch bei Vera. Sie konnte einfach nicht verstehen, warum Vera dieses Spiel so weit trieb. Angestrengt überlegte sie, ob sie in den letzten Monaten etwas getan hatte, wovon sich Vera verletzt gefühlt haben könnte. Ihr fiel beim besten Willen nichts ein. Und dann dachte sie wieder an das Seidenhemd. Sie hatte den

Geruch erst am Morgen wahrgenommen, nicht im Laden, nicht in der Umkleidekabine. Hatte Vera das Hemd mit Parfüm besprüht? Die Tüte hatte die ganze Nacht im Flur gestanden. Aber das würde ja bedeuten, dass Vera immer weitermachte, und sie sah doch, wie schlecht es Jo mit der ganzen Sache ging. Jo konnte sich einfach nicht vorstellen, dass Vera, ihre Vera, so grausam war. Benebelt blickte sie sich um. Es kam ihr komisch vor, dass die Menschen um sie herum so völlig unberührt von dem Tumult blieben, der in ihr vorging. Ein älterer Mann las Zeitung, eine junge Frau sprach mit ihrem Hund, die meisten anderen waren in ihre Handybildschirme vertieft.

Die Zugtüren gingen auf, und Jo trat auf den Bahnsteig. Sie atmete tief ein und aus. Die Luft war klar, es roch schwach nach Wiese und Benzin. Gedankenversunken lief sie an den Gleisen entlang. Automatisch nahm sie den Schleichweg hinter dem S-Bahnbogen, automatisch strichen ihre Finger über die Hecke, die eine Dreißigerjahre-Siedlung von der Straße trennte. Franzi bemerkte sie erst, als sie fast mit ihr zusammenstieß. Sie stand an der Bushaltestelle und schaute auf ihr Handy. Mit Franzi war sie zusammen im Kindergarten gewesen, dann in der Grundschule. Im Gymnasium hatten sich ihre Wege getrennt, aber eine Zeit lang hatte man Vera, Franzi und Jo nur zu dritt antreffen können.

»Sorry! Ich hab dich gar nicht gesehen«, sagte Jo.

»Kein Problem«, sagte Franzi und lächelte höflich.

»Wie geht's dir denn? Wir haben uns ja ewig nicht gesehen!«

Franzi sah verwirrt aus. Sie nahm ihre Kopfhörer aus dem Ohr und sagte: »Hm?«

»Ich meinte, wie geht's dir?«

»Ganz gut.« Franzi sah Jo unsicher an. »Kennen wir uns?«

»Hallo, ja klar, wir waren doch zusammen in der Grundschule! Jo«, sagte Jo und zeigte auf sich, aber Franzi wirkte immer noch verwirrt. »Aber an Vera erinnerst du dich noch, oder?«

»Ah, natürlich!«, sagte Franzi, aber Jo konnte ihr ansehen, dass sie log. Sie fand es merkwürdig, dass Franzi sich nicht an sie erinnern konnte. Sicher, sie hatten sich lange nicht gesehen – seit Jo studierte, kam sie nicht mehr oft nachhause und wenn, dann nur um kurz ihre Eltern zu sehen. Aber selbst als Teenager waren sie oft auf denselben Partys gewesen, hatten gemeinsame Freunde gehabt. Jo erinnerte sich sogar, dass Franzi öfters bei ihnen zum Schwimmen war. Nach ein paar weiteren Floskeln verabschiedete sie sich und beeilte sich, endlich zu ihren Eltern zu kommen.

Jo öffnete das kleine Gartentor. »Gut, dass du da bist«, rief ihre Schwester Toni, die gerade mit einem Tablett voller Gläser aus dem Haus kam. »Mama ist völlig am Ende. Ich hab echt keine Ahnung, warum sie sich das immer wieder antut.« Sie balancierte das Tablett zu dem großen, gusseisernen Tisch, der von zwei weißen Schirmen flankiert wurde. Das alte Herrenhaus stand verlässlich hinter ihnen und bewarf sie mit Schatten, wilder Wein rankte an der Fassade.

Toni setzte sich auf die steinerne Bank an der Wand und zündete sich eine Zigarette an. »Ein paar Minuten haben wir aber. Erzähl, was ist bei dir so los, Fine? Genießt du die Semesterferien?«

Jo war dankbar, endlich mit ihrer Schwester sprechen zu können. Toni würde wissen, was zu tun war. Vielleicht konnte sie sich auch Veras Verhalten erklären – ihre Menschenkenntnis war schon immer besser gewesen als Jos. Also erzählte sie ihr die ganze Geschichte. Als sie fertig war, sagte Toni: »Ich weiß auch nicht, Finelein, ich glaube, du musst erst mal wieder richtig schlafen.« Jo stiegen die Tränen in die Augen, aber Toni sprach einfach weiter: »Ich hab mal so eine Geschichte gelesen, vielleicht war es auch ein Film? Jedenfalls, es ging um einen Mann, der sich den Schnurrbart abrasiert. Er kommt aus dem Badezimmer, und von dem Moment an behauptet seine Frau, er habe nie einen Schnurrbart gehabt. Aber es ist nicht nur seine Frau, die das sagt, sondern auch seine Freunde und alle anderen.«

»Und was hat der Mann dann gemacht?«

»Hat den nächsten Flug nach Hongkong genommen. Aber ich glaube, der hat sich dann auch umgebracht oder so.«

»Ja, super Lösung, Toni, jetzt geht es mir viel besser«, sagte Jo, die langsam wütend wurde.

»Sorry, du hast recht«, lachte Toni. Sie drückte ihre Zigarette aus und sagte: »Komm, ich glaube, wir sollten jetzt mal Mama helfen.«

Jo warf ihre Tasche in den Eingangsbereich, in dem alle möglichen Schuhe und Gartenwerkzeuge herumstanden. Toni rief etwas von Getränkekisten und ging in den Keller. Langsam stieg Jo die gewundene Treppe hoch und ließ ihre Augen an den gerahmten Miniaturen entlanggleiten, die an der Wand hingen. In der Küche fand sie ihre Mutter, die sichtlich nervös hin und her lief. Wasserkaraffen auffüllen, Wein kalt stellen, Gurken für den Salat schneiden, Servietten falten, alle Aufgaben wurden angefangen und nicht zu Ende geführt. Jo wünschte, sie könnte ihrer Mutter etwas von ihrer Anspannung nehmen. Sie begann, sich um den Salat zu kümmern. Um die nervöse Energie nicht noch zu verstärken, beschloss sie, keine Unterhaltung anzufangen. Schweigend arbeitete sie vor sich hin, während ihre Mutter in aufgeregten Halbsätzen ihre eigenen Tätigkeiten kommentierte. Als sie an Jo vorbei an den Kühlschrank musste, hielt sie plötzlich inne und sagte: »Riechst du das, Josephine? Irgendwas riecht komisch.« Warme Hoffnung stieg in ihr auf. Ihre Mutter konnte es auch riechen. Sie war nicht mehr alleine. Sie befahl sich, ruhig zu bleiben. »Was meinst du denn?«, fragte sie ihre Mutter, die auf einmal ganz dicht an Jos Gesicht war und an ihrem Hals roch. »Du bist das! Du riechst ja merkwürdig«, sagte sie vorwurfsvoll.

Jo öffnete das kleine Gartentor und trat ein. Die Sonne stand schräg über dem Haus, die Schatten waren lang. Sie hörte Stimmen. In den Bäumen hingen Lichterketten, die gegen das warme Abendlicht noch nicht ankamen. Unsicher ging sie durch das hohe Gras, das den Pfad zum Haus säumte. Der Platz links vom Haus, auf dem zwei weiße Schirme und ein großer, gusseiserner Tisch standen, war bevölkert mit Menschen. Sie blieb stehen. Das Plaudern der Menge ähnelte von hier aus dem Summen eines Bienenschwarms. Auf einmal hatte sie das heftige Gefühl, zu spät dran zu sein. Am Rand der Menschentraube erkannte sie Birgit, eine Freundin ihrer Eltern. Schnell ging Jo auf sie zu und wollte sie umarmen, aber Birgit trat einen Schritt zurück. Sie sah verärgert aus. »Kennen wir uns?«

Jo wich zurück. Sie musste ihre Schwester finden. Langsam ging sie durch die Menschentraube, die Frauen trugen weiße Kleider und bunte Holzketten, die Männer Leinenhemden. Die Gesichter kamen ihr nur zum Teil bekannt vor. Vielleicht bildete sie es sich ein, aber sie meinte zu sehen, wie einige von ihnen die Nase rümpften. Eine Frau fing an, sich mit ihrem schmuckvollen Fächer heftig Luft zuzufächeln.

Jos Schwester stand beim gusseisernen Tisch und rauchte, mit der anderen Hand schenkte sie jemandem Wein nach. »Toni! Da bist du ja! Weiß du, wo Mama ist?«

»Suchst du deine Mutter?«, fragte Toni in einem Tonfall, der Jo distanziert vorkam.

»Ich suche unsere Mutter!«

»Also da ist zumindest schon mal meine«, sagte Toni, als ihre Mutter zu ihnen hinzutrat.

»Toni, holst du bitte noch mal Weißwein aus dem Kühlschrank?«, sagte sie.

»Der in der Küche?«

»Unten müssten auch noch welche sein.«

Jo verstand nicht, warum sie so wenig beachtet wurde. Toni nahm die leere Weinflasche und ging zum Haus.

»Sorry, dass ich so spät dran bin«, versuchte sie es, an ihre Mutter gewandt, die gerade den Aschenbecher auf dem Tisch in einen anderen Aschenbecher leerte. »Ich wollte euch eigentlich helfen, ich weiß überhaupt nicht, was passiert ist. Heute ist so ein komischer Tag.«

Ihre Mutter unterbrach ihre Tätigkeit und sah sie an. Jo hatte das Gefühl, dass sie die Luft anhielt.

»Bist du eine Freundin von Toni?«, presste sie hervor.

»Soll das irgendwie ein Streich sein?«, fragte Jo, aber sie glaubte nicht daran, ihre Mutter hasste Überraschungen und Streiche, sie wäre überhaupt nicht auf die Idee gekommen.

»Ich bin Josephine Alexandra Charlotte Bünting, deine Tochter, und ich möchte dieses Spiel jetzt nicht mehr spielen.«

Ihre Mutter schüttelte den Kopf. »Es tut mir leid, ich kenne Sie nicht. Aber ich muss Ihnen leider sagen: Sie riechen sehr streng. Es haben sich schon einige meiner Gäste darüber beschwert, vielleicht wäre es Ihnen möglich, sich zu waschen? Sie können gern die Toilette im Eingangsbereich benutzen.«

»Mama, bitte!« Jo weinte jetzt. Sie war bereit zu betteln, sie würde alles tun, nur, um dieser schrecklichen Situation zu entkommen.

Sie öffnete das kleine Tor. In der Dunkelheit hörte sie Stimmen aus dem Garten. Am Wegesrand standen papierne Laternen, durch die Bäume konnte sie den Schein von Lichterketten sehen. Sie hatte plötzlich das Gefühl, sehr spät dran zu sein. Dann sah sie die nachtschwarzen Umrisse einer Person, die ihr entgegenkam. Jo erkannte ihre Mutter. Sie war erleichtert. Jetzt würde alles gut werden, ihre Mutter würde sie unterhaken, vielleicht würde sie ein bisschen schimpfen, weil Jo so spät dran war, aber dann würde sie ihr ein Glas Wein und etwas zu essen geben, und Jo würde sich mit Toni zum Rauchen und Lästern in eine Ecke verziehen.

Stattdessen sagte ihre Mutter: »Wir haben Ihnen doch schon einmal gesagt, dass Sie hier nicht willkommen sind.« Sie packte sie unsanft am Arm und schob sie in Richtung der Straße. Jo wollte sich wehren, aber instinktiv wusste sie, dass es keinen Sinn hatte. Eine tiefe Müdigkeit ergriff sie.

»Ich gehe schon«, sagte sie mit bleierner Stimme.

Vor dem kleinen Gartentor, das ihre Mutter hinter ihr geschlossen hatte, blieb sie stehen, ihr Elternhaus im Rücken. Die Geräusche der Feier hörten sich jetzt sehr weit weg an, Teller klackerten, Gläser klirrten, ein paar Mal stach ein Lachen durch die Nacht.

ANMERKUNGEN

1 A. K. Patel, V. Reddy, K. R. Shumway et al.: *Physiology, Sleep Stages.* In: StatPearls, Treasure Island. StatPearls Publishing 2023. [üb. v. TE]

2 Ebd.

3 William Dement: *The Promise of Sleep.* Zitiert nach Matthew J. Wolf-Meyer: *The Slumbering Masses.* Minneapolis: University of Minnesota Press 2012, S. 34. [üb. v. TE]

4 Vgl. ebd., S. 37.

5 Jonathan Crary: *24/7: Schlaflos im Spätkapitalismus.* Üb. v. Thomas Laugstien, Berlin: Wagenbach Verlag 2014, S. 16.

6 Karl Marx: *Das Kapital.* In: MEW 23. Berlin/DDR: Dietz Verlag 1968, S. 279.

7 KonMari: *The Joy of Sleep, with Arianna Huffington.* Online: https://konmari.com/arianna-huffington-sleep/, abgerufen am 19.12.2023. [üb. v. TE]

8 Ebd.

9 Bernd Kastner: *Schlaflos im Vatikan.* Online: https://www.sueddeutsche.de/panorama/benedikt-xvi-papst-schlaflosigkeit-ruecktrittsgrund-1.5740227, 27.01.2023.

10 Ebd.

11 C. Marschall et al.: *Gesundheitsreport 2017, Analyse der Arbeitsunfähigkeitsdaten. Update: Schlafstörungen.* Online: https://www.dak.de/dak/download/gesundheitsreport-2017-2108948.pdf, März 2017.

12 A. Hinz, H. Glaesmer, E. Brähler et al.: *Sleep quality in the general population: psychometric properties of the Pittsburgh Sleep Quality Index, derived from a German community sample of 9284 people.* In: Sleep Medicine, Vol. 30 (2017), S. 57–63.

13 Kelton Minor et al.: *Rising temperatures erode human sleep globally.* In: One Earth, Vol. 5 (2022), S. 534–549.

14 Danielle Carr: *Mental Health Is Political.* Online: https://www.nytimes.com/2022/09/20/opinion/us-mental-health-politics.html, 20.09.2022. [üb. v. TE]

15 Vgl. Arthur Roger Ekirch: *Sleep we have lost: pre-industrial slumber in the British Isles.* In: The American Historical Review, 2001.

16 Matthew J. Wolf-Meyer: *The Slumbering Masses.* S. 34. [üb. v. TE]

17 B. Lu, P. Zee: *Circadian rhythm sleep disorders.* In: Chest, Vol. 130, Nr. 6 (2006), S. 1915–1923.

18 Vgl. etwa *Weshalb Schlaflosigkeit auf Dauer so gefährlich ist.* In: GEO Wissen Gesundheit, Heft Nr. 9 (2018).

19 R. Schlack, U. Hapke, U. Maske et al.: *Häufigkeit und Verteilung von Schlafproblemen und Insomnie in der deutschen Erwachsenenbevölkerung.* In: Bundesgesundheitsblatt 56, 2013, S. 740–748.

20 Varinia Bernau: *Mit harten Ansagen und Bevormundung holt man niemanden zurück ins Büro.* Online: https://www.wiwo.de/erfolg/beruf/ende-des-homeoffice-mit-harten-ansagen-und-bevormundung-holt-man-niemanden-zurueck-ins-buero/29354712.html, 25.08.2023, und Gabriela Riccardi: *Google has officially changed its mind about remote work.* Online: https://qz.com/google-remote-work-policy-reversal-ironic-1850520264, 08.06.2023. [üb. v. TE]

21 Karl Marx: *Das Kapital.* S. 280.

22 Vgl. ebd., S. 640–67.

23 Beatrice Adler-Bolton, Artie Vierkant: *Health Communism.* London/New York: Verso 2022, S. 4. [üb. v. TE]

24 Ebd., S. XViii.

25 Jonathan Crary: *24/7: Schlaflos im Spätkapitalismus.* S. 26.

26 Martin Luther King: *Wohin führt unser Weg. Chaos oder Gemeinschaft?* Übersetzt von Hildegard Jany, Econ-Verlag 1968, S. 212.

27 Vgl.: Matthäus 26, Vv. 36–46.

28 Vgl. Martin Luther King Jr.: *Garden of Gethsemane.* https://kinginstitute.stanford.edu/king-papers/documents/garden-gethsemane-sermon-delivered-dexter-avenue-baptist-church, abgerufen am 05.12.2023.

29 Erykah Badu: *Master Teacher.* Online: https://www.youtube.com/watch?v=lJZq9rMzO2c, abgerufen am 05.12.2023.

30 https://www.deutsche-digitale-bibliothek.de/item/ORIA5-V4X2357L3VJMG7KLA45JZ4GZMNL, abgerufen am 01.12.2023.

31 Eric Hobsbawm, Terence Ragner: *The Invention of Tradition.* Cambridge: Cambridge University Press, 2012. [üb. v. TE]

32 Johann Richard Seel: *Der deutsche Michel.* Online: https://www.deutsche-digitale-bibliothek.de/itemZ3N7S647P72NOX4HP5F-EGFDUJZ3TLU5, abgerufen am 01.12.2023.

33 Vgl. Thomas Hobbes: *Leviathan.* Hamburg: Felix Meiner Verlag, 1996.

34 Susan Sontag: *Aids und seine Metaphern.* Üb. v. Karin Kersten, Caroline Neubaur, Holger Fliessbach, München: Hanser Verlag, 1989, S. 8.

35 Wolfgang Pfeifer et al.: »Schwäche«. https://www.dwds.de/wb/etymwb/Schwäche, abgerufen am 12.10.2023.

36 Ebd., »krank«.

37 Carolyn Lazard: *How to be a Person in the Age of Autoimmunity.* Online: https://static1.squarespace.com/static/55c40d69e4b0a45eb985d566/t/58cebc9dc534a59fbdbf98c2/1489943709737/HowtobeaPersonintheAgeofAutoimmunity+%281%29.pdf, abgerufen am 19.09.2023.

38 Steven Thrasher: *The Viral Underclass.* Zitiert nach Sarah Wildman: *In the Rush to Return to ›Normal‹, What Happens to the Vulnerable?* Online: https://www.nytimes.com/2022/04/09/opinion/covid-mask-risk-society.html, 09.04.2022. [üb. v. TE]

39 Beatrice Adler-Bolton, Artie Vierkant: *Health Communism,* S. xi. [üb. v. TE]

40 Eva von Redecker: *Bleibefreiheit.* Frankfurt am Main: S. Fischer 2023, S. 48.

41 Ebd., S. 53. Vgl. auch Judith Butler: *The Force of Nonviolence: The Ethical in the Political,* Verso 2020.

42 Vgl. H. Schröder, G. Brückner, K. Schüssel et al.: *Monitor: Gesundheitliche Beeinträchtigungen – Vorerkrankungen mit erhöhtem Risiko für schwere Verläufe von COVID-19. Verbreitung in der Bevölkerung Deutschlands und seinen Regionen.* Berlin: KomPart 2020.

43 Vgl. Deutsche Autoimmunstiftung. Online: https://www.autoimmun.org/ueber-uns, abgerufen am 01.12.2023.

44 Robert Koch-Institut: *Impfung bei Immunschwäche.* Online: https://www.rki.de/SharedDocs/FAQ/COVID-Impfen/FAQ_Liste_Impfung_Immundefizienz.html, abgerufen am 01.12.2023.

45 Vgl. H. Schröder, G. Brückner, K. Schüssel et al.: *Monitor: Gesundheitliche Beeinträchtigungen – Vorerkrankungen mit erhöhtem Risiko für schwere Verläufe von COVID-19.*

46 Vgl. etwa Silvia Federici: *Social reproduction theory: History, issues and present challenges.* In: Radical Philosophy 204, Spring 2019, S. 55–57.

47 Johanna Hedva: *Why It's Taking So Long.* Online: https://topicalcream.org/features/why-its-taking-so-long/, 13.03.2022. [üb. v. TE]

48 A. Zick, B. Küpper, N. Mokros: *Die distanzierte Mitte. Rechtsextreme und demokratiegefährdende Einstellungen in Deutschland 2022/23.* Bonn: Dietz Verlag, 2023.

49 Ebd., S. 70.

50 Herbert Spencer: *Social Statics.* London: John Chapman 1851, S. 379. [üb. v. TE]

51 Vgl. Thomas Robert Malthus: *Eine Abhandlung über das Bevölkerungsgesetz oder eine Untersuchung seiner Bedeutung für die menschliche Wohlfahrt in Vergangenheit und Zukunft, nebst einer Prüfung unserer Aussichten auf eine künftige Beseitigung oder Linderung der Übel, die es verursacht.* Jena: Fischer Verlag 1924/25.

52 Herbert Spencer: *Social Statics,* S. 379. [üb. v. TE]

53 A. Zick, B. Küpper, N. Mokros: *Die distanzierte Mitte,* S. 74.

54 Hanno Charisius: *Das Immunsystem ist kein Muskel.* Online: https://www.tagesanzeiger.ch/das-immunsystem-ist-kein-muskel-875257012485, 02.01.2023.

55 Johanna Haarer: *Die deutsche Mutter und ihr erstes Kind.* München: J. F. Lehmanns Verlag 1941, S. 173.

56 Ebd., S. 272.

57 Nach Sigrid Chamberlain: *Adolf Hitler, die deutsche Mutter und ihr erstes Kind.* Gießen: Psychosozial-Verlag 2020, S. 113.

58 Ebd., S. 11.

59 Vgl. J. Choutka, V. Jansari, M. Hornig et al.: *Unexplained post-acute infection syndromes.* In: Nat Med, Vol. 28 (2022), S. 911–923.

60 Vgl. F. Boufidou, S. Medić, V. Lampropoulou et al.: *SARS-CoV-2 Reinfections and Long COVID in the Post-Omicron Phase of the Pandemic.* In: International Journal of Molecular Sciences, Vol. 16 (2023).

61 American Myalgic Encephalomyelitis and Chronic Fatigue Syndrome Society: *How Many People Have ME/CFS?* Online: https://ammes.org/how-many-people-have-mecfs/, abgerufen am 28.11.2023.

62 Jamie Ducharme: *It Isn't Just Long COVID. Post-Viral Illnesses Are More Common Than You Think.* https://time.com/6240058/post-viral-illnesses-common-long-covid/, abgerufen am 12.07.2023. [üb. v. TE]

63 I. J. Bakken, K. Tveito, N. Gunnes et al.: *Two age peaks in the incidence of chronic fatigue syndrome/myalgic encephalomyelitis: a population-based registry study from Norway 2008–2012.* In: BMC Med, Vol. 12.

64 Vgl. z. B. *Die ME/CFS-Forschung ist ca. 40 Jahre im Rückstand.* Online: https://www.mecfs.de/die-me-cfs-forschung-ist-ca-40-jahre-im-rueckstand/, abgerufen am 11.07.2023.

65 Jörg Blech, Christoph Kleinschnitz: *Die vermeintliche Wirkung beruht wohl auf dem Placeboeffekt.* Online: https://www.spiegel.de/wissenschaft/long-covid-warum-betroffene-viel-geld-fuer-zweifelhafte-verfahren-ausgeben-a-b4eb3de3-4d0e-4d4c-8b75-e338e7da2ac3, 08.05.2022.

66 Vgl. z. B. *Post-Exertional Malaise,* auf der Webseite der Deutschen Gesellschaft für ME/CFS. Online: https://www.mecfs.de/was-ist-me-cfs/pem/, abgerufen am 11.07.2023.

67 Jonathan Crary: *24/7: Schlaflos im Spätkapitalismus.* S. 104.

68 Haytham El-Wardany: *The Book of Sleep*. Üb. v. Robin Moger Calcutta, Seagull Books 2020, S. 5 f. [üb. v. TE]

69 Vgl. z. B. Ongelle-Lise Burnett: *The Religion in Medicine: an exploration of healing through the examination of Asclepius and the Epidaurian Iamata*. In: Prandium: The Journal of Historical Studies, Vol. 4, 1 (2015).

70 Jonathan Crary: *24/7: Schlaflos im Spätkapitalismus.* S. 106.

71 Eva von Redecker: *Bleibefreiheit.* S. 136.

72 Robert L., Eugenia W. Herbert: *Artists and Anarchism: Unpublished*

Letters of Pissarro, Signac and Others – I. In: The Burlington Magazine, Vol. 102, No. 692 (1960), S. 473–82.

73 Eva von Redecker: *Bleibefreiheit.* S. 108.

74 Jean-Luc Nancy: *Vom Schlaf.* Üb. v. Esther von der Osten. Zürich: Diaphanes 2013.

75 Hannah Sophie Dunkelberg: *Müde Pferde.* Online: https://efremidis.com/en/program/mude-pferde, abgerufen am 04.02.2023.

76 A. K. Patel, V. Reddy, K. R. Shumway et al.: *Physiology, Sleep Stages.* [üb. v. TE]

77 Marie Darrieussecq: *Sleepless.* Üb. v. Penny Hueston. Los Angeles: Semiotext(e) 2023, S. 8. [üb. v. TE]

78 Franz Kafka: *Tagebücher 1910–1923.* S. Fischer/Schocken Books 1954, S. 73.

79 *Shattered (UK)*, Episode 1/7. Online: https://www.youtube.com/watch?v=3xtwuoxOrls, abgerufen am 02.12.2023.

80 Vgl. D. T. Max: *The dead of night.* Online: https://www.theguardian.com/books/2007/aug/25/features.weekend1, 25.08.2007.

81 Ebd. [üb. v. TE]

82 Beipackzettel Zolpidem-ratiopharm, Online: https://www.ratiopharm.de/assets/products/de/pkg_insert/Zolpidem-ratiopharm%C2%AE%2010%20mg%20Filmtabletten.pdf?pzn=1851898, abgerufen am 19.12.2023.

83 Eric Redding: *44 Ambien Stories That Will Creep You The Eff Out.* Online: https://thoughtcatalog.com/eric-redding/2016/01/44-people-share-their-crazy-and-dangerous-ambien-horror-stories/, 16.01.2024

84 Dylan Welch: *Did a sleeping pill end her brilliant life?* Online: https://www.smh.com.au/national/did-a-sleeping-pill-end-her-brilliant-life-20080219-gds1ni.html, 19.02.2008.

85 C. M. Paradis, L. A. Siegel, S. B. Kleinman: *Two cases of zolpidem-associated homicide.* In: Primary Care Companion for CNS Disorders, Vol. 14, 4 (2012).

86 Vgl. Stephanie Merrit: *Once upon a sexual assault.* Online: https://www.theguardian.com/commentisfree/2017/nov/27/sexual-assault-sleeping-beauty-fairytales-ban-gender-rape, 27.11.2017.

87 Paul Laity: *Ottessa Moshfegh interview: ›Eileen started out as a joke – also I'm broke, also I want to be famous‹*. Online: https://www.theguardian.com/books/2016/sep/16/ottessa-moshfegh-interview-book-started-as-joke-man-booker-prize-shortlist, 16.09.2016.

88 Steph Yin: *Waking From Hibernation, the Hard Work of Spring Begins.* Online: https://www.nytimes.com/2017/03/24/science/hibernation-spring-bears-bees-bats-arctic-squirrels.html, 24.03.2017.

89 Christie Wilcox: *Some Animals Don't Actually Sleep for the Winter, and Other Surprises About Hibernation.* Online: https://www.nationalgeographic.com/animals/article/animals-hibernation-science-nature-biology-sleep, 12.10.2017.

90 Edgar Allan Poe: *Marginalia.* Online: https://www.eapoe.org/works/misc/mar0346.htm#:~:text=I%20, abgerufen am 02.12.2023.

91 Marie Darrieussecq: *Sleepless.* S. 29. [üb. v. TE]